Quem foi VARGAS, afinal?
1930-1945

Conselho Acadêmico
Ataliba Teixeira de Castilho
Carlos Eduardo Lins da Silva
Carlos Fico
Jaime Cordeiro
José Luiz Fiorin
Tania Regina de Luca

Proibida a reprodução total ou parcial em qualquer mídia
sem a autorização escrita da editora.
Os infratores estão sujeitos às penas da lei.

A Editora não é responsável pelo conteúdo deste livro.
O Autor conhece os fatos narrados, pelos quais é responsável,
assim como se responsabiliza pelos juízos emitidos.

Consulte nosso catálogo completo e últimos lançamentos em **www.editoracontexto.com.br**.

ANTONIO
PEDRO
TOTA

Quem foi VARGAS, afinal?

1930-1945

Copyright © 2025 do Autor

Todos os direitos desta edição reservados à
Editora Contexto (Editora Pinsky Ltda.)

Foto de capa
Foto oficial de Getúlio Vargas (Governo do Brasil, c.1930)

Montagem de capa e diagramação
Gustavo S. Vilas Boas

Preparação de textos
Ana Paula Luccisano

Revisão
Heloisa Hernandez

Dados Internacionais de Catalogação na Publicação (CIP)

Tota, Antonio Pedro
Quem foi Vargas, afinal? : 1930-1945 / Antonio Pedro Tota. –
São Paulo : Contexto, 2025.
160 p. : il.

Bibliografia
ISBN 978-65-5541-595-7

1. Brasil – História – 1930-1945 2. Presidentes – Brasil
3. Vargas, Getúlio, 1882-1954 I. Título

25-2872   CDD 981.06

Angélica Ilacqua – Bibliotecária – CRB-8/7057

Índice para catálogo sistemático:
1. Brasil – História – 1930-1945

2025

EDITORA CONTEXTO
Diretor editorial: *Jaime Pinsky*

Rua Dr. José Elias, 520 – Alto da Lapa
05083-030 – São Paulo – SP
PABX: (11) 3832 5838
contato@editoracontexto.com.br
www.editoracontexto.com.br

Agradecimentos: Alfredo Mansur, pelas noções de medicina; Paulo Noffs, pelas fotos; Adriano Marangoni, consultor militar, Bruno Andreotti, Ana Luiza, pela primeira leitura e correção do texto; Bruna Oliveira e Fabio Adorno, na discussão do nacional desenvolvimentismo; Chico Aguiar, pela leitura, por e discussão entre música e política da época; Jorge Arbage, Lauro Dávila, Dudu Lobo, Gil Camargo, Dudu Noffs, Mel Scheel, Julia Martelo, pelas conversas sobre nacional- desenvolvimentismo, política e cultura do período; Pedro Azeredo, Max Schiersner, Luana Nugueien, pelo trabalho de pesquisas; Matthew Shirts, pelas sugestões de temas e subtemas que envolveram o trabalho; Regina Célia, pela pesquisa na revista O Cruzeiro; Renaldo Gonsalves, pela indispensável ajuda nas questões econômicas na passagem da economia agrária para a economia industrializante. Embora não presencial, menciono o indispensável trabalho de Angela de Castro Gomes, bastante citada ao longo do livro. E outros tantos nomes que a memória desgastada esqueceu. Parte considerável das formulações feitas foram resultantes de seminários, eventos e conversas feitas pelos participantes do Núcleo de Estudos de Política, História e Cultura (POLITHICULt) do Departamento de História da PUC-SP.

A Oliveiros S. Ferreira
in memoriam

Sumário

PRÓLOGO
Primavera revolucionária em Porto Alegre 9

Da política à luta armada: a Revolução 15

"Revoluções" para todos os gostos:
conflitos premonitórios 41

O Estado Novo: uma ditadura paradoxal 71

A Guerra Mundial,
os impasses do autoritarismo e o golpe de 1945 101

EPÍLOGO
Um Estado autoritário de bem-estar? 145

Notas 151

Referências 157

O autor 159

PRÓLOGO
Primavera revolucionária em Porto Alegre

Todo o Rio Grande é uma chama bravia
açoitada pelo Minuano.

Oswaldo Aranha, 1929

Os últimos dias de setembro de 1930 pareciam como todos os outros dias de uma primavera esperando o verão, normalmente quente na capital gaúcha. A umidade e as chuvas remanescentes não indicavam mudanças inesperadas nem grandes reviravoltas. Mas, no panorama político, as coisas eram diferentes. No dia 3 de outubro, uma sexta-feira, quem andasse pela rua dos Andradas, também conhecida como rua da Praia, pela praça da Alfândega e outras ruas do centro, notaria um clima de expectativa no ar.

O general Gil Antônio Dias de Almeida, comandante da 3ª Região Militar do Sul, havia ido ao médico oculista. Ele parecia não enxergar o aumento do movimento pouco comum para uma manhã de sexta-feira. A agitação talvez fosse resultado de notícias de golpe de Estado. Ou mesmo uma impensada revolta silenciosa pela derrota de Getúlio Vargas na eleição, sempre fraudada, para presidente do Brasil na chamada República Velha (1889-1930). Eleição seguida do assassinato de João Pessoa, candidato a vice-presidente de Vargas. Os dois se candidataram pela Aliança Liberal, uma frente ampla formada por políticos mais progressistas. Os oficiais de mais baixo escalão do Exército (tenentes, capitães, mas não só) apoiavam o programa da Aliança. Era, pois, um movimento que se opunha ao domínio da política nacional pela já tradicional dobradinha de paulistas e mineiros.

No período da tarde, o movimento das ruas aumentou. O general, já de volta ao quartel, se deu conta da agitação e pediu uma audiência com Getúlio Vargas, então presidente[1] do Rio Grande do Sul. Vargas garantiu que os rumores de um golpe de Estado eram só rumores, nada mais. No entanto, nas ruas era visível a preparação de um movimento de grandes proporções. Visível e audível. Uma comunicação telefônica cifrada alertava que o movimento devia ter início imediato. A conspiração revolucionária se espalhava por todo o estado gaúcho e por algumas regiões do país. Telegramas secretos demonstravam a extensão do movimento: de São Gabriel, de Passo Fundo, de Curitiba. O telegrama da Paraíba era assinado por Juarez Távora, militar e destacado líder da campanha revolucionária.

Porto Alegre continuava cada vez mais agitada. A saída de estudantes depois das duas da tarde aumentava essa agitação. Oswaldo Aranha, um dos mais destacados opositores gaúchos ao antigo regime, com a cumplicidade de soldados, simpáticos ao movimento revolucionário, já havia se incumbido de inutilizar as metralhadoras: retiraram os disparadores das armas localizadas nas "seteiras" no alto do torreão do quartel-general. Os soldados fizeram o mesmo com os detonadores dos canhões em outros quartéis do Exército, no estratégico morro Menino Deus. Ótimas armas, tanto as metralhadoras quanto os canhões, inutilizadas com a ajuda de soldados e cabos, ou seja, "agentes infiltrados" por Aranha nos principais centros militares de Porto Alegre.

Os três primeiros tiros ouvidos no centro da cidade deram o sinal para o início da Revolução. A sincronia das manobras era notável. Um numeroso grupo de soldados da Guarda Civil, com a participação de voluntários jovens, filhos de conhecidas famílias gaúchas, marchou, como num desfile militar-estudantil, pela frente do quartel do 3º Exército. Tinha-se a impressão de que iam passar ao largo; de repente, viraram em direção ao portão em posição de ataque. A fuzilaria começou pouco depois das cinco da tarde.

Comemoração em outubro de 1930.

A participação da Brigada Militar, da Guarda Civil, de soldados do Exército e, principalmente, de populares engrossou o movimento rebelde. O general Gil de Almeida, que residia no mesmo edifício do quartel, temia pela família. A sentinela vigia do portão principal foi fulminada por um tiro certeiro. Revolucionários escalavam o torreão do edifício, confiantes de que as metralhadoras que guarneciam as janelas não funcionariam sem as peças que, segundo algumas testemunhas, estavam nos bolsos de Oswaldo Aranha. Soldados revolucionários sob o comando de Aranha conseguiram entrar no prédio. Um major legalista foi morto na investida. O general comandante do 3º Exército, Gil Almeida, reconheceu que o quartel tinha sido tomado, mas só se rendeu depois que Oswaldo deu por escrito a garantia de integridade física a ele e à sua família. O documento estava assinado por Getúlio Vargas.

Restava ainda neutralizar a artilharia e o depósito de munição localizados no morro Menino Deus. Muitos oficiais estavam comprometidos com a proposta revolucionária, como o tenente-coronel Galdino Esteves, que dirigia importante unidade da artilharia. Ele conseguiu impedir que seus subordinados defendessem suas posições. O Centro de Preparação de Oficiais da Reserva (CPOR) ajudou a derrotar companhias e batalhões do Exército legalista. Em pouco tempo, os comandantes reconheceram a derrota, ordenaram o cessar-fogo e se renderam.

A capital do Rio Grande do Sul estava nas mãos dos revolucionários. Nos dias seguintes, notícias de Santo Ângelo, São Borja, Alegrete, Santana do Livramento e Caxias do Sul informavam que os municípios estavam em poder dos rebeldes. Na capital e em todo o estado, o lenço vermelho amarrado no pescoço de soldados, mulheres, crianças e do povo em geral dava o colorido da vitória em todo o Rio Grande do Sul. Até uma cachorrinha de rua foi vista com o lenço vermelho no pescoço, às margens do rio Guaíba. A grande maioria dos soldados do Exército que tinham defendido o governo federal foi anistiada e, voluntariamente, incorporada às forças revolucionárias.

Agora era hora de começar a marcha rumo ao Rio de Janeiro para depor o presidente do país, Washington Luís, inflexível representante de São Paulo, que não acreditava na capacidade da organização dos gaúchos.

Praticamente todo o Norte e o Nordeste, depois de certa resistência com mortos e feridos, estavam também nas mãos dos rebeldes e se preparavam para marchar rumo à capital do país.

Em um cartão-postal da época, o artista Francis Pelichek ilustrou o ambiente e os sentimentos nacionalistas suscitados pela Revolução que marcou o final da República Velha.

A viagem de Vargas e a comitiva político-militar feita por trem demorou cerca de 30 dias para chegar ao Rio de Janeiro. O grupo foi precedido por uma espécie de vanguarda política, liderada por Oswaldo Aranha, que tinha por missão negociar a transmissão do poder a Getúlio Vargas. A junta governativa que comandava o país depois da deposição de Washington Luís não hesitou.

A 3 de novembro, os militares da junta entregaram o poder a Getúlio Vargas no Palácio do Catete. Assim, a chamada Revolução de 1930 foi reconhecida pelo conjunto das Forças Armadas brasileiras.

A Revolução de 1930 foi um movimento armado e nacional. Pode-se dizer também que foi uma manifestação que guarda semelhanças com outros movimentos revolucionários populares, quando se leva em conta a participação de corpos provisórios de milhares de civis que atuaram como Forças Armadas, além da adesão voluntária da maioria das forças do Exército e das forças públicas policiais que, incumbidas de reprimir o movimento rebelde, a ele aderiram. Mas, acima de tudo, lançou as bases para a organização e a formação do Estado moderno brasileiro. Por vias pouco ortodoxas no plano político, social e econômico, nosso país conheceu cerca de 15 anos de crescimento pouco comum. Uma industrialização como o alvo mais acentuado do movimento ou da Revolução. Uma Revolução, com ou sem aspas, mas acentuando a singularidade do modelo brasileiro, como veremos ao longo do livro.

Da política à luta armada: a Revolução

Quem quiser escrever a História do Brasil terá que molhar a pena no sangue do Rio Grande.

(Oswaldo Aranha, líder da Revolução de 1930)

BREVE DIGRESSÃO

A República brasileira nasceu de um golpe de força do Exército. Dois militares da mais alta patente, Deodoro da Fonseca e Floriano Peixoto, foram os primeiros presidentes do Brasil. Nas clássicas palavras do republicano Aristides Lobo: "O povo assistiu àquilo bestializado, atônito, surpreso, sem conhecer o que significava. Muitos acreditaram seriamente estar vendo uma parada. Foi um golpe, uma quartelada."

O próximo presidente foi o civil paulista Prudente de Morais. Prudente inaugurou o novo governo dos grandes fazendeiros, em especial os cafeicultores. Assim, o poder passou das mãos dos militares para os braços dos agricultores. Os militares endossaram o poder dos donos da terra. No entanto, a relação entre militares e oligarquia agrária não foi isenta de atritos.

O poder da oligarquia agrária se consolidou com a política do "café com leite", como ficou conhecido o consórcio político entre Minas e São Paulo que dominou o cenário nacional até 1930. Essa engenharia foi obra do, também paulista, presidente Campos Salles, que governou de 1898 a 1902, quando construiu a Política dos Estados ou Política dos Governadores, isolando o poder civil do militar e fortalecendo as oligarquias estaduais. A política do "café com leite" incluía eleições, embora fraudadas: o candidato escolhido pelo presidente era referendado pelos governadores, ou seja, pelos líderes dos estados, com total apoio dos grandes proprietários ou "coronéis", como ficaram conhecidos os senhores dos poderes locais. Era impossível ser eleito fora do esquema montado. Se por acaso surgisse algum nome que pudesse ameaçar o sistema, o poder central recorria a cassações de deputados garantidas pelos "coronéis" por meio da violência e da falsificação de votos. O único risco era um dos consorciados romper o acordo.

Os militares fizeram a República, mas os verdadeiros "donos do poder" eram os grandes plantadores de café. A oligarquia agrária pretendia manter o poder militar sob o controle dos civis, daí a inquietação crescente de jovens tenentes e soldados de diversas patentes. Em janeiro de 1922, houve uma frustrada manifestação de tenentes e capitães contra a candidatura do mineiro Artur Bernardes. Este foi um ensaio para o movimento que ganhou o nome de Tenentismo, apoiado por civis conhecidos depois como *tenentes civis*. O movimento tenentista ganhou notoriedade com o levante dos 18 do Forte de Copacabana, que se deu no dia 5 de julho de 1922, seguido da rebelião de 1924, em São Paulo, e da lendária Coluna Miguel Costa/Luís Carlos Prestes, que percorreu milhares de quilômetros do território nacional tentando despertar o povo brasileiro, ao mesmo tempo que combatia as forças oficiais do Exército.

Entretanto, não foi só o Tenentismo que abalou as bases da República oligárquica, mas também o rompimento do acordo entre Minas e São Paulo, ou seja, um conflito no seio da própria oligarquia. Em 1929, a alternância de um candidato de São Paulo e outro de Minas Gerais para ocupar o cargo mais alto da República foi rompida pelo presidente Washington Luís, do Partido Republicano Paulista (PRP), quando, ignorando a vez do mineiro Antônio Carlos, do Partido Republicano Mineiro (PRM), insistiu na candidatura do seu apaniguado, Júlio Prestes, também do PRP. Como o Brasil não tinha uma organização política nacional, os protestos vieram como manifestações regionais. Os mineiros, por motivos mais do que óbvios, ficaram indignados e planejaram opor-se ao poder central; os gaúchos, do Partido Republicano Rio-Grandense, aliaram-se ao Partido Libertador para desafiar o acintoso monopólio paulista no poder central; a Paraíba acabou aderindo, por se sentir demasiadamente marginalizada da disputa pela presidência do país. O que unia essas três correntes era a ideia de se opor, de algum modo, à candidatura de Júlio Prestes. No início de agosto de 1929, finalmente, os três estados opositores conseguiram formar uma frente para cumprir o desiderato anterior, isto é, tentar impedir a eleição do paulista. Nascia assim a Aliança Liberal, que tinha como programa genérico implantar uma democracia e diminuir o peso político do regionalismo. A procura de um candidato que pudesse, pelo menos, desafiar o oficialismo, saiu do Rio Grande do Sul: o presidente[1] Getúlio Vargas, do Partido Republicano Rio-grandense, com o apoio de Borges de Medeiros, chefe político inconteste dos gaúchos. A vice-presidência coube ao paraibano João Pessoa. A eleição seria realizada a 1º de março de 1930.

Esse tipo de conflito político no seio da oligarquia não passou despercebido pelas camadas sociais mais pobres do país e foi captado pela cultura popular, principalmente pela música, na campanha política de 1929-30. Algumas marchinhas carnavalescas, por exemplo, tocaram muito no rádio. Esse foi o caso de "Seu Julinho vem", composição de Freire Júnior, encomendada para a propaganda política do candidato da situação, Júlio Prestes, do PRP. Curiosamente, provocava Antônio Carlos de Andrada, político de destaque de Minas, do PRM, enquanto a candidatura de Vargas não se consolidava.

> *Ó seu Toninho*
> Da terra do leite grosso
> Bota cerca no caminho
> Que o paulista é um colosso
> Puxa a garrucha
> Finca o pé na estrada [...]
> Seu Julinho vem! Seu Julinho vem!
> Se o mineiro lá de cima descuidar
> Seu Julinho vem! Seu Julinho vem!
> Vem, mas custa, muita gente há de chorar
> *Ó Seu Julinho, tua terra é do café*
> Fique lá sossegadinho [...]
> Pois o mineiro
> Não conhece a malandragem
> Cá do Rio de Janeiro
> Ele não leva vantagem.

A propaganda política já podia contar com o rádio como aparelhamento eletrônico da modernização brasileira. As estações de rádio funcionavam como clubes, e era permitida a divulgação de propaganda comercial e política, de música popular e clássica, entretenimento, avisos, programas dos cinemas ou pronunciamento dos sócios. E um aparelho de rádio era relativamente acessível às classes populares.

A marchinha "Seu Julinho vem" foi transmitida pela Rádio Educadora Paulista antes e durante a campanha política de 1930. A

Educadora era ligada ao jornal *Correio Paulistano*, órgão oficial do PRP, que tinha como sócio maior Júlio Prestes, o candidato oficial do governo central.

A Aliança Liberal também contou com a radiodifusão para fazer propaganda, preferindo apoiar as canções que faziam críticas a Washington Luís e Júlio Prestes, em vez de mencionar diretamente os nomes de Vargas ou João Pessoa. Esse foi o caso de *"É, sim senhor"*, de Eduardo Souto, que satirizava as irregularidades e a corrupção da campanha de Júlio Prestes, o candidato oficial:

> Ele é paulista?
> *É, sim senhor*
> Falsificado?
> *É, sim senhor*
> Cabra farrista?
> *É, sim senhor*
> Matriculado?
> *É, sim senhor*
> Ele é estradeiro?
> *É, sim senhor*
> Habilitado?
> *É, sim senhor*
> Mas o cruzeiro?
> *É, sim senhor*
> Ovo gorado?
> *É, sim senhor*
> Vem, vem, vem
> Pra ganhar vintém
> Vem, seu Julinho, vem
> Aproveitar também.

"É, sim senhor" foi uma clara e mordaz crítica à corrupta política brasileira à época, como mostram os últimos versos.

A REVOLUÇÃO

A eleição para presidente em março de 1930 ocorreu teoricamente como em todas as outras eleições da República, ou seja, com cartas marcadas, ou melhor, com votos marcados.

Mas a campanha eleitoral de 1929-30 teve traços incomuns. Havia um dinamismo e uma expectativa pouco conhecidos até então. Uma das novidades, como já se disse, foi o uso do rádio que, aos poucos, deixava de ser exclusividade da elite.

Ouviam-se sambas e marchas ridicularizando o candidato oficial, mas também o enaltecendo. Os jornais *Diário de São Paulo* e *O Estado de S. Paulo* publicavam anúncios e artigos elogiando os candidatos da Aliança. A dissidência do PRP gerou o Partido Democrático (PD), liderado por, entre outros, Júlio de Mesquita Filho, dono do jornal *O Estado de S. Paulo*, que apoiava a Aliança. Os comícios eram muito disputados. Os candidatos da Aliança Liberal tinham argumentos em sua plataforma que atraíam setores populares e da crescente classe média. Muitos comícios acabavam em luta corporal e mortes.

O Rio Grande do Sul tinha um substancial capital político e cultural em sua história, acumulado desde os últimos anos do século XIX. Júlio de Castilhos,[2] autor da Constituição Republicana Gaúcha (1891), e depois Borges de Medeiros, seguido por Getúlio Vargas, governaram o seu estado segundo uma Constituição positivista inspirada nas teorias do francês Auguste Comte. Eles batiam-se pela construção de um estado-providência com "[...] a função de promover e, no limite, controlar os rumos do desenvolvimento econômico".[3] E, certamente, social. O liberalismo individualista e o *laissez-faire* na economia eram desprezados. Procuravam proteger as manufaturas e as oficinas, incentivando o crescimento de pequenas indústrias locais. O programa dos positivistas gaúchos incluía a educação laica e gratuita para todas as crianças; saneamentos (suprimento de água, serviço de esgotos, iluminação elétrica);

atendimento da saúde da população mais pobre. E prenunciaram a instituição, de forma ainda incipiente, do salário-mínimo, antes mesmo da *Carta del lavoro*, mussoliniana, apressadamente lembrada em trabalhos acadêmicos como inspiradora da legislação trabalhista brasileira. O projeto dos gaúchos aproximava o governo do Rio Grande do Sul a algo que se assemelhava a um Estado de bem-estar.

Em 1930, os tenentes — com pensamentos semelhantes aos já expostos — esperavam, de certa forma, aproveitar a insatisfação política e engrossar a frente contra a oligarquia que monopolizava o poder federal, em especial mineira e paulista, ou seja, combater o sistema político-partidário corrupto nascido com a Constituição de 1891 e que perdurou até a Revolução de 1930. Sua bandeira era ampla o suficiente para abrigar a esquerda e a direita.

O major Pedro Aurélio de Góes Monteiro era um dos poucos legalistas que endossavam a visão dos tenentes, embora não fizesse parte do movimento. Aliás, ele combateu a Coluna em algumas ocasiões; talvez, por isso, tenha percebido a necessidade de uma mudança radical para transformar o país, conforme deu a entender em depoimentos posteriores. Não foi difícil ele se simpatizar com a conspiração que se armava depois da campanha e da eleição de Júlio Prestes.

Na capital do país, o presidente Washington Luís parecia não tomar conhecimento do clima de descontentamento durante a campanha e a prevista "vitória" de Júlio Prestes. Ou, o que também é provável, percebeu o momentâneo desânimo de setores da Aliança Liberal. O próprio Vargas oscilava. No entanto, outros grupos de aliancistas não perderam a esperança de reverter a situação e mantinham discretos contatos com generais do governo, e planejavam a via armada para destronar a oligarquia cafeeira.

O presidente Washington Luís não acreditava numa conspiração ou revolução para depô-lo. Apesar de as investigações apontarem para movimentos fora do comum, ele continuava achando que eram simples boatos.

O crescimento da pobreza e a crise mundial deixavam, segundo a análise de Góes, o país vulnerável a chamamentos mais radicais, como o comunista, o socialista e o anarquista. A fragilidade do Exército abria brechas para a penetração e a disseminação de algumas dessas ideologias "exóticas".

Um poderoso argumento que engrossava as teses de Góes, com o qual aliancistas e tenentes concordavam *in totum*, era de que o governo federal não passava de um agrupamento de grandes latifundiários paulistas que mandava no país, cujas ações eram em seu próprio benefício.

Durante toda a campanha, Vargas deveria seguir um acordo informal feito com Washington Luís e permanecer no Rio Grande do Sul, o qual não foi respeitado inteiramente. Enquanto Dr. Julinho percorreu algumas regiões do país, Vargas visitou cidades mais conhecidas e voltou para a estância em São Borja, na fronteira com a Argentina. Manteve contato por telegramas com Oswaldo Aranha para acompanhar a marcha das apurações. Embora fosse um jogo de cartas marcadas, todos alimentavam alguma esperança.

Primeiro de março, sábado de Carnaval e dia da eleição, a vitória de Júlio Prestes começava a se confirmar. As fraudes já faziam parte do ambiente político da época e o resultado da eleição foi a prova dessa "tradição". De qualquer forma, setores da oposição partidários da Aliança Liberal perderam a esperança de usar o voto como caminho para o poder. Muitos ficaram desanimados. Vargas recolheu-se no seu conhecido mutismo, aparentemente concordando com Borges de Medeiros, o antigo chefe dos republicanos gaúchos, isto é, reconhecendo a legalidade do resultado das urnas. Muitos tenentes e políticos do Sul e de Minas Gerais não se conformaram e procuravam meios de mudar a situação.

No dia 26 de julho, João Pessoa Cavalcanti de Albuquerque, o vice de Getúlio na disputa eleitoral, foi assassinado na Confeitaria da Glória, em Recife. Embora o assassino fosse ligado ao governo e tivesse conexões com o presidente Washington Luís, foi muito mais um acerto de contas pessoal do que político. Mesmo assim, a conspiração ganhou uma razão muito forte para renascer e se transformar num projeto de revolução, ou seja, um movimento armado para depor o presidente Washington Luís e instaurar um governo que mudasse o país. O epicentro era Porto Alegre.

Góes Monteiro, Oswaldo Aranha e Juarez Távora.

Vargas e Aranha queriam encontrar um militar que pudesse comandar operação de tamanha envergadura. Aranha conseguiu trazer Luís Carlos Prestes de Buenos Aires para uma reunião com Getúlio em Porto Alegre. Mas Prestes recusou a oferta. Declarou que não poria sua *expertise* militar a serviço de um movimento "reacionário". Ele já havia sentido uma primeira picada da mosca azul – aquela do conto homônimo de Machado de Assis – do comunismo.

Com a recusa de Prestes, os arranjos do plano militar do levante ficaram sob o comando do tenente-coronel Pedro Aurélio de Góes Monteiro, já com patente mais alta. Getúlio quis saber as razões pelas quais ele estaria disposto a comandar soldados, "abandonando todas as comodidades e a sorte de sua família, para lançar-se [...] numa aventura tão perigosa". Góes disse que foi se "apercebendo da miséria em que vivia o povo brasileiro [...] e conservava ainda a visão da triste situação em que vivia a população desamparada, sem assistência [...] vivendo o jugo semifeudal [...]".[4] Enfim, o militar – quando precisou percorrer todo o território brasileiro para planejar um sistema de defesa do país – iria arriscar sua carreira garantida, porque entrou em contato com um "outro país": o Brasil profundo. Ficou assombrado com a pobreza estrutural disseminada e a população desamparada esperando melhores dias que não chegavam. E tudo isso tinha uma causa: o domínio político de uma casta que sacrificava todo o resto da nação.

No mês de agosto, Góes, ocultando de seus superiores sua participação no planejamento do levante, preparou um projeto político de reformas que reorganizasse o Brasil num sistema autoritário regenerador para unificar o país pela força e acabar com a situação de atraso descrita por ele. Esse projeto de modernização conservadora não havia sido discutido com os tenentes, nem mesmo com os políticos. O projeto de Góes era abrangente: pretendia transformar a sociedade, modificar a estrutura do Exército, que ele via como um guia para a modernização, e conseguir o lugar "merecido" junto às grandes potências industriais. Em vários pontos havia concordância com a Aliança e, mais nitidamente, com os tenentes. Foi esse militar que, com a colaboração de Vargas, Flores da Cunha, Oswaldo Aranha, entre outros, preparou o assalto ao poder. Getúlio Dornelles Vargas, depois de ponderar pacientemente, assumiu o comando político do movimento.

A Revolução de 1930 começou, como vimos no Prólogo, na tarde de 3 de outubro, com um levante armado em Porto Alegre.

A Revolução estava triunfante em todo o estado gaúcho. A rigor, a Revolução estava recebendo manifestações de apoio e carinho na maior parte do território nacional. Era preciso chegar ao centro do poder da República, isto é, o Rio de Janeiro.

Getúlio, sua comitiva revolucionária e diferentes participantes da Aliança Liberal — a frente ampla revolucionária — viajaram de trem, passando por Santa Catarina, onde houve alguns combates com várias baixas, seguindo depois em direção ao Paraná. Em Curitiba, foi recebido com aplausos e manifestações de solidariedade. Conferenciou com Goés Monteiro, que recomendou que Vargas fosse para Ponta Grossa, próximo à fronteira com São Paulo, e se juntasse às tropas revolucionárias ali reunidas para combater forças federais que se concentravam em Itararé.

A Batalha de Itararé

O Estado Maior do movimento revolucionário esperava encontrar considerável resistência em Itararé, na fronteira dos estados do Paraná e de São Paulo, caminho estratégico para chegar ao rio Paranapanema e à capital paulista. Preparava-se um ataque em forma de pinça para isolar e destruir as forças paulistas fiéis ao governo de Washington Luís. Por sua vez, cerca 6 mil soldados da Força Pública de São Paulo, mais soldados do 2º Exército e voluntários com quatro peças de artilharia Krupp eram considerados suficientes para derrotar os revolucionários, comandados pelo lendário general Miguel Costa. A Aliança Liberal contava com mais de 8 mil combatentes divididos em batalhões com soldados da Brigada Militar gaúcha, da Guarda Civil e muitos voluntários civis, armados e apoiados por 18 canhões Krupp mais modernos e de longo alcance.

Na localidade de Sengés, ocorreram combates entre as tropas federais e as dos revolucionários. Os federais foram obrigados a bater em retirada. Os revolucionários tomaram Sengés, instalaram o quartel-general e se prepararam para o grande enfrentamento. Regimentos e batalhões formados por estudantes de Medicina de Curitiba se misturavam a outros grupos voluntários para o combate. A tarefa não seria fácil. A região, com uma barreira natural de um precipício de 20 metros de profundidade, era um obstáculo a ser superado. Destacamentos revolucionários contornaram o obstáculo e ameaçavam as forças federais. Houve troca de tiros com metralhadoras, canhões e fuzis. A artilharia da Revolução atuava com precisão. Mortos e feridos se espalhavam pela área de combate. A luta já durara vários dias quando a notícia da deposição de Washington Luís no Rio de Janeiro chegou ao campo de batalha. Não havia razão de continuar a refrega. A guerra acabara e o caminho para São Paulo e Rio de Janeiro estava aberto para a assunção de Getúlio Vargas.

Faz parte do folclore da nossa história referir-se à Batalha de Itararé como o combate que não aconteceu, muito provavelmente disseminada pela memória anti-Vargas que sobrevive na academia, mormente a paulista. O brasilianista Frank McCann, conhecedor de nossa história militar, diz que, na verdade, houve combates com quase 50 mortes e mais de 150 feridos. Para além de combates físicos, Góes Monteiro não queria destruir um importante setor do Exército federal. As Forças Armadas precisariam ser preservadas para manter a ordem quando necessário.

Comitiva de Getúlio Vargas (ao centro) durante sua passagem por Itararé (São Paulo) a caminho do Rio de Janeiro após a vitoriosa Revolução de 1930.

Depois de Itararé, Vargas e assessores civis e militares se acomodaram no vagão especial do trem que partiu rumo à capital paulista. O caminho estava aberto e, em vez de combates, o trem recebia salva de palmas e ovações, não tiros. Pouco antes de chegar à capital paulista, Vargas já queria garantir que a administração de São Paulo ficasse em mãos de pessoas de sua confiança. Getúlio conferiu, assim, poderes a João Alberto Lins de Barros, um dos mais importantes reminiscentes da Coluna Prestes, para "tomar conta" de São Paulo em nome da Aliança e da Revolução. A grita contra essa escolha veio de Francisco Morato, que não havia sido levado em conta. Morato foi o fundador do Partido Democrático, dissidente do Partido Republicano Paulista, que apoiou a Aliança Liberal, mas não admitia um não paulista no governo do estado mais poderoso da União. As diferenças entre o "núcleo duro" da Revolução e os representantes de São Paulo ficaram mais evidentes quando a *Revista da Semana*, n. 47, de 8 de novembro de 1930, publicou na capa uma fotografia feita no vagão do trem que retratava o comando-geral da Revolução: general Miguel Costa, sentado; o coronel Góes Monteiro, de pé e de cachecol, chefe do Estado Maior da revolução; Getúlio Vargas, fardado, embora não fosse militar, sentado ao lado de Francisco Morato, que, supõe-se, tinha ido conferenciar para achar uma solução para o governo paulista. Ocorre que, na capa da revista, Francisco Morato não aparecia, havendo apenas no seu lugar uma mancha que parece ser o seu braço.[5]

Podemos dizer que o "ciúme" de Francisco Morato se acentuou quando Getúlio desembarcou do trem na estação Sorocabana e foi ovacionado por uma multidão e, literalmente, carregado até o palácio do governo paulista. Ali foi confirmado que Morato não iria governar seu estado, e sim o tenente João Alberto.

Da esquerda para a direita: sentado, general Miguel Costa; coronel Góes Monteiro, de pé, chefe do Estado Maior da Revolução; Getúlio Vargas, que aparece fardado, embora não fosse militar, sentado ao lado de Francisco Morato. Morato foi literalmente cortado do governo de São Paulo. Era o ensaio para a guerra civil de julho de 1932.

A Revolução e a tomada do poder

Apesar da censura e dos esforços do governo federal em difundir notícias otimistas, a população da capital do país se inteirou do avanço de forças revolucionárias militares vindas do Sul e do Norte que marchavam céleres em direção ao Rio de Janeiro. A polícia do Distrito Federal não foi suficiente para conter os populares, animados com as notícias da vitória dos revolucionários. Aliás, não foram poucos os casos em que os policiais aderiram à população rebelada. O movimento popular tomou as ruas da capital. Jornais e instituições favoráveis ao governo federal foram depredados. Sem ter notícias claras do que estava ocorrendo no Sul, a multidão marchou em direção ao Palácio das Laranjeiras, onde se encontrava Washington Luís. Os jardins e os arredores do Laranjeiras estavam tomados pela multidão que punha em risco a vida do ainda presidente do país. Os chefes militares, generais Augusto Tasso Fragoso, João de Deus Mena Barreto e o contra-almirante Isaías de Noronha, reuniram-se com o presidente e pediram que renunciasse ao cargo. Washington Luís disse que só sairia morto. Tasso Fragoso, com a anuência de seus companheiros de arma, afirmou que mais nada podia ser feito e que o presidente estava deposto. O poder passou a ser exercido provisoriamente pela *Junta Governativa*, como ficou conhecido o arranjo articulado pelos militares.

O curioso é que todas as combinações e os ajustes pensados por militares e políticos receosos da resistência do presidente ocorriam ao mesmo tempo que as tropas do governo de Washington Luís e os batalhões de revolucionários se preparavam para se enfrentar em Itararé. As refregas e os pequenos combates ocuparam cerca de 20 chuvosos dias de outubro (entre 5 e 24 de outubro), tempo necessário para o acerto da renúncia do presidente e para que a Batalha de Itararé fosse concluída.

A Junta, com a apoio do cardeal do Rio, Dom Sebastião Leme, convenceu o presidente deposto a se refugiar no Forte de Copacabana, de onde foi exilado. Assim, a Junta pôde se responsabilizar pela manutenção da ordem na capital, o que não era tarefa fácil, pois já estavam ocorrendo saques e depredações de jornais situacionistas, como foi o caso de *O País*. Praticamente todo o território nacional estava nas mãos das forças aliancistas, o que equivalia à derrota dos grupos que tinham ligações com o governo deposto. É preciso levar em conta que parcela considerável do Exército já havia aderido à Revolução.

A Junta propôs que Vargas viajasse diretamente para o Rio de Janeiro, sem passar por São Paulo; entretanto, a liderança do movimento ficou desconfiada, já que, assim procedendo, a Revolução estaria se submetendo aos planos de um grupo que não havia participado do movimento. Vargas deixou claro que o reconhecimento da vitória da Revolução era incondicional: eles decidiriam como oficializar a tomada do poder. Por isso Getúlio enviou Oswaldo Aranha para o Rio de Janeiro com a incumbência de negociar os detalhes com a Junta e a transferência do poder para Getúlio Vargas.

Concorde com as condições negociadas por Oswaldo Aranha, Getúlio Vargas e o Estado Maior da Revolução desembarcaram na capital federal depois de uma demorada viagem. O trem que chegou à estação da Central do Brasil/D. Pedro II estava sendo esperado por uma multidão. Da Revolução esperava-se uma limpeza profunda na política brasileira, na economia e na sociedade.

Pôr a casa em ordem era o mote, o qual foi percebido pelo caricaturista Storni, da revista *O Malho*.

Com a vitória do movimento revolucionário, o grande sucesso no Carnaval de 1931 foi a marchinha "Gê-Gê", de autoria de Lamartine Babo, ouvida nas rádios, cantada nos cordões de rua e, em especial, em salões de clubes e hotéis cariocas:

Só mesmo com revolução
Graças ao rádio e ao parabélum
Nós vamos ter transformação/
neste Brasil verde-amarelo/
G-E= GE
T-Ú=TÚ
LI=LI-O
GETÚLIO [...]

O Carnaval daquele ano foi uma festa revolucionária. O autor da marchinha homenageou a Revolução de 1930, movimento que havia começado no Rio Grande do Sul, mais precisamente em Porto Alegre, na tarde do dia 3 de outubro de 1930. Algumas das canções já referidas tratam da política em um momento de profunda transformação na sociedade brasileira. "Gê-Gê", de Lamartine Babo, dá uma boa pista ao mencionar o parabélum, uma arma automática de fabricação alemã considerada eficiente para a época. Já a marcha "Seu Julinho vem", mencionada anteriormente, faz referência a uma garrucha, arma considerada muito mais simples e antiquada se comparada ao parabélum, como ficou conhecida popularmente a Luger no Brasil. As duas demonstram que a violência era natural e, não raro, mortal, nas campanhas políticas brasileiras. No entanto, a arma mencionada em "Gê-Gê", isto é, o parabélum, é, a meu ver, uma metáfora da modernização que estava por vir (curiosamente notada na caricatura em *O Malho* da "faxina do Brasil"). Já a garrucha de "Seu Julinho vem" pode ser vista como o sinal de um regime estagnado e superado pelo governo da Revolução.

Vargas tomou posse como presidente provisório no dia 3 de novembro de 1930 e começou a fazer uma faxina. A área que exigia uma atuação mais radical e imediata era a economia, que sofria os efeitos nascidos na pior depressão mundial decorrente dos desvarios do capitalismo norte-americano no conhecido *crash* da bolsa de Nova York. Foi a Oswaldo Aranha que coube a responsabilidade de tentar pôr um pouco de ordem na nossa sofrida economia.

Ações imediatas da Revolução

O ministério de Vargas funcionava como um conselho consultivo de amplo espectro. As tarefas do Ministério da Agricultura, sob a responsabilidade de Assis Brasil, por exemplo, incluíam questões relacionadas aos minerais na busca de uma política nacionalista em defesa do nosso subsolo. Ainda que incipiente, já se pensava na produção de energia nacional pela exploração do petróleo. E era exatamente por esse caminho do nacionalismo que Vargas queria construir um país que se assemelhasse às potências do hemisfério norte, a começar pela indústria pesada e pela indústria química.

Para evitar uma possível preponderância estrangeira, o Ministério da Agricultura criou em 1933 vários centros de pesquisas: o instituto geológico, por exemplo, tratava das minas e da água e, na mesma época, foi criada a Escola Nacional de Química.[6]

Animado com alguns progressos na política econômica, o governo provisório tentava, assim, deslocar a economia de sua "vocação agrícola" e da monocultura exportadora para uma produção industrial voltada ao mercado interno. Em discurso pronunciado em Belo Horizonte em fevereiro de 1931, Vargas cruzou os interesses nacionais, o capital estrangeiro e o papel do Estado. E uma das formas de defender nossos interesses era produzir as ferramentas de aço e ferro, ou seja, fabricar instrumentos manufaturados no Brasil. O que o presidente pretendia era substituir os produtos importados por produtos feitos no país. Isso nos livraria do escoamento de divisas. Estávamos sob os efeitos da crise desencadeada com a quebra da bolsa nos Estados Unidos que atingiu em cheio a economia agrária e exportadora. O mais importante, no entanto, é que Vargas "invertia o discurso ideológico dominante até então, o qual estabelecia a primazia da agricultura sobre a indústria, [...]".[7] Ele ligava a agricultura moderna e plural à mecanização; no entanto, apontava com clareza um de nossos obstáculos para chegar aonde os países industrializados chegaram e promoveram a melhoria de vida de grande parte da população: "desde o arado que sulca o seio da gleba até o veículo que transporta o produto das colheitas, [vêm] do estrangeiro".[8] Com a siderurgia, isso poderia ser sanado.

Rememorando os momentos iniciais do governo da Revolução, nota-se que essa política de diversificação estava, difusamente, contemplada no programa da Aliança Liberal. A rigor, Getúlio Vargas sabia por experiência própria que o Brasil necessitava de uma inversão na política econômica. Para combater a política econômica ortodoxa, o governo teria que comprar grandes quantidades de sacas de café para valorizar o produto. E como ele pagaria os cafeicultores? Emitindo dinheiro, o que acabou mantendo a renda monetária dos cafeicultores, ao mesmo tempo que transferiu recursos para o setor industrial, ampliando o ganho e o consumo da sociedade. Essa era a política econômica ironicamente contrária ao que estava acontecendo nos Estados Unidos até 1934, quase um ano depois da posse de Franklin Roosevelt. O governo americano continuava aplicando uma política contracionista, isto é, redução dos gastos públicos e controle da oferta da moeda. O Brasil agia *avant la lettre*, como veremos adiante.

Reformas

Durante a vigência do "antigo regime", o movimento operário, conhecido como "a questão social", era considerado um caso de polícia, ou seja, a qualquer sinal de agitação social, acionava-se o aparato repressivo. Mas as soluções da República Velha não eram tão simples e rudimentares assim: havia diversas leis que amparavam, em parte, alguns anseios dos trabalhadores urbanos. Já existia no período anterior a 30 leis de pensões, de proteção ao trabalho infantil e aposentadoria para algumas categorias. A Revolução de 1930 não operou nenhuma mágica, mas difere estruturalmente no que se refere à relação entre empregado e empregador. Prevaleceram, na memória histórica, as leis trabalhistas da Era Vargas, mas não é sem razão, pois a "legislação trabalhista pós-30 impondo o Estado como mediador, executor, legislador e julgador de conflitos de classe [...] difere significativamente da anterior".[9]

A política econômica revolucionária planejava remediar a crise causada, em parte, pela grande depressão que se espraiou dos Estados Unidos para o mundo e pela própria estrutura da nossa economia. O café, principal produto de exportação, era ofertado numa proporção muitas vezes maior do que a demanda. A monocultura exportadora era mais sujeita às oscilações do mercado internacional. Em 1931, tínhamos estocado quase 30 milhões de sacas, e as exportações não chegavam a 10 milhões. Taxar os produtores e impedir o plantio de novas safras foram alternativas. Os produtores de São Paulo acabaram sendo os mais atingidos.

O governo central comprava o café para destruir o excedente de produção. Queimava-se café em verdadeiras montanhas ou era usado como combustível nas locomotivas a vapor.

A oligarquia cafeeira do Rio, de São Paulo e de Minas (vale dizer, a República Velha) sobreviveu e se enriqueceu com a valorização do café, nosso principal produto de exportação. As oscilações naturais do preço do produto não preocupavam os fazendeiros, pois era mantido estável artificialmente. Isso foi conseguido graças a uma engenhosa artimanha pensada no que se chamou *Convênio de Taubaté*: uma reunião dos maiores plantadores em 1906, na cidade paulista do mesmo nome, que resultou na estabilização do preço da saca de café até 1916. E o que garantia essa estabilização? O empréstimo de 15 milhões de libras esterlinas que serviria de lastro ouro ao réis, a moeda brasileira da época. Esse arranjo produziu uma relativa e aparente estabilidade no mercado de café por cerca de 10 anos.

O Brasil se manteve no "clube" do padrão ouro graças aos métodos artificiais e frágeis, que não chegaram a dificultar a industrialização, mas também não a estimularam. Os efeitos negativos foram sentidos na própria exportação de café, no aumento do desemprego e na redução do que existia de política social. Ao tentar minimizar o impacto negativo, o governo da República Velha lançava mão de políticas de austeridade financeira, com o objetivo de valorizar a moeda e estimular as vendas de café. No entanto, o resultado obtido foi a debilidade das exportações, além da queda no preço desse produto, que se refletiu no custo de vida e na estagnação da economia. Getúlio Vargas, que havia sido ministro de Washington Luís, parecia ter aprendido a lição.

A quebra da Bolsa de Nova York atingiu em cheio a economia brasileira e acentuou o panorama mencionado anteriormente. O governo provisório nascido com a Revolução de 1930 tomou medidas para minimizar os efeitos já no começo de 1931, com a compra e a destruição do café. Essa política foi feita com grandes déficits orçamentários financiados por emissão de dinheiro, mantendo, assim, a renda monetária do setor cafeeiro, ao mesmo tempo que transferia recursos para o setor industrial, ampliando a renda e o consumo da sociedade. A industrialização brasileira já dava fortes sinais de crescimento na década de 1920, mas foi depois de 1930 que ocorreu o "deslocamento do centro dinâmico", na expressão consagrada por Celso Furtado. O sentido da afirmação do economista pode ser traduzido na intenção de o governo voltar-se na direção do mercado interno. Segundo Celso Furtado, durante a década de 30, "o Brasil praticou involuntariamente uma política anticíclica de maior amplitude do que qualquer uma antes defendida nos países industrializados".[10] O curioso é que o governo de Getúlio Vargas aplicava uma política keynesiana antes mesmo de John Maynard Keynes publicar, em 1936, o seu importante livro.

O governo federal tomou a direção da economia cafeeira. Era um sinal da intervenção do Estado na reformulação econômica do país. Talvez, por isso, quase a unanimidade dos estudiosos reconhece que a Revolução de 1930, sob a liderança de Getúlio Vargas, impulsionou a formação do capitalismo moderno no Brasil.

São Paulo era insaciável. Os "donos do poder" paulistas pareciam querer o *statu quo ante*. E queriam. A 13 de janeiro de 1932, o Partido Democrático de São Paulo rompeu publicamente com Getúlio Vargas. Já no ano anterior, subira a temperatura política do estado paulista, quando o interventor e homem de confiança do presidente Vargas, o coronel João Alberto Lins de Barros, um dos mais ativos membros do Clube 3 de Outubro e, portanto, do Tenentismo, entrou em choque com a elite dominante de São Paulo. Estavam criadas as condições para o enfrentamento armado entre São Paulo e o governo federal. Mesmo assim, em 1932 foi criada a Caixa de Mobilização Bancária (Camob), que ampliou o redesconto de títulos de atividades industriais, agrícolas e pecuárias. Uma das regiões mais beneficiadas foi sem dúvida São Paulo, mas, pelo jeito, São Paulo parecia não se satisfazer.

UMA REVOLUÇÃO SINGULAR

Pela primeira vez, a periferia estava no centro[11] para fazer uma política oposta ao regionalismo, com novos atores nacionais que antes desempenhavam papéis secundários. No entanto, não se deve tomar a periferia como um bloco hegemônico dominando o centro. A escolha do termo "aliança" sugere uma reunião de tendências sociopolíticas diversas; o uso do adjetivo "liberal" não significa que todos os membros comungavam da mesma escola política, como se verá nos próximos capítulos.

Os tenentistas, por exemplo, desconfiavam do "antioligarquismo" dos paulistas que integravam a Aliança, o que era um sinal do precário equilíbrio dessa frente. Ou seja, o Partido Democrático afirmava combater a "política reacionária" exercida pelo poder central na República Velha, mas não podia ser tomado como um partido moderno da oligarquia dita dissidente. O PD era dissidente sim, mas conservador, como se verá na chamada Revolução Constitucionalista, no capítulo "'Revoluções' para todos os gostos: conflitos premonitórios".

Em 11 de novembro de 1930, uma semana depois da posse e 7 anos e 1 dia antes do golpe que criou o Estado Novo, o líder da Revolução, Getúlio Vargas, assinou um decreto, endossado por seus ministros. Composto de vários artigos e parágrafos, tinha como preâmbulo uma simples frase:

> O chefe do Governo Provisório dos Estados Unidos do Brasil decreta: art. 1º O governo provisório exercerá discricionaria-mente em toda a plenitude, as funções e atribuições, não só o poder executivo, mas também o poder legislativo, até que, elei-ta a Assembleia constituída, estabeleça a reorganização consti-tucional do País.[12]

O Congresso Nacional foi abolido e seus membros perderam os mandatos, assim como os governadores (antigos presidentes) de estados e prefeitos de municípios.

Um governo forte para um país como o nosso, e na situação que se encontrava, não era um desejo isolado. Juarez Távora, figura de destaque do movimento tenentista, participante ativo da Revolução de 1930 e responsável pela administração do Norte e do Nordeste (era conhecido como vice-rei da região), afirmou que era preciso separar "o joio do trigo, os elementos [...] apodrecidos dos esteios bons que também se encontram sob os destroços da velha ordem".[13] Vargas, na qualidade de chefe do governo provisório, tinha poderes ditatoriais, como anunciado por Távora no começo de 1932. E não era só o vice-rei do Norte e do Nordeste que endossava a ditadura.

Alguns dias depois, mais precisamente na noite de 25 de fe-vereiro de 1932, mal acabava o Carnaval quando quase 200 solda-dos invadiram o jornal *Diário Carioca* que, de simpático à causa revolucionária, passou a antagonista do movimento de 1930, publi-cando virulentos editoriais exigindo o fim da ditadura e a volta às instituições ditas democráticas da República Velha. No dia seguinte, os jornais anunciaram: o *Diário Carioca* havia sido "empastelado" por soldados e oficiais fortemente armados. As instalações do jornal foram destruídas, impedindo a sua circulação por certo tempo, em especial com notícias contra o governo. Na época, o empastelamento de um jornal correspondia ao que hoje equivaleria a uma invasão de *hackers* no sistema dos computadores de um órgão da imprensa, dificultando o trabalho dos jornalistas.

Quem poderia ser responsabilizado por isso no começo de 1932? Militantes do Clube 3 de Outubro, uma organização fundada por Góes Monteiro com a colaboração da liderança do movimento revolucionário, era do que muitos suspeitavam. Suspeição que vinha do interior do governo e, certamente, dos que se opunham a Vargas.

O episódio do *Diário Carioca* era o tipo de problema com o qual Vargas teria que lidar ao longo do tempo: as relações entre o novo regime, os militares e setores mais radicais do Tenentismo militar e civil.

Ora, passados os primeiros dias, a política do "presidente não eleito" parecia aos liberais não passar de uma ditadura. Vargas governou sem oposição legal, mas enfrentou oposições do centro, da direita e da esquerda até novembro de 1937. E foi durante todo seu governo provisório, isto é, o interregno de 1930 a 1934, que Vargas e seu complexo grupo forjaram as bases do Brasil moderno. O movimento que levou Vargas ao poder "[t]eve, de fato, uma organização que lhe deu orientação e objetivos políticos e militares".[14]

As lutas intestinas entre diversos grupos que participaram do movimento de outubro de 1930 iniciaram-se assim que Vargas assumiu o poder. De um lado, os que queriam que a Revolução cumprisse o que consideravam seu objetivo: democratização, Constituição, voto. Integravam esse grupo, por exemplo, representantes do Rio Grande do Sul, como Borges de Medeiros, João Neves da Fontoura, Maurício Cardoso e, de São Paulo, Júlio de Mesquita Filho, Francisco Morato. Do outro, os que queriam manter o processo revolucionário permanente, sem os impedimentos de uma Constituição. Assim pensavam, principalmente, os tenentes, Vargas e o seu grupo mais próximo e íntimo, como Oswaldo Aranha, Góes Monteiro, Pedro Ernesto (tenente civil do Rio de Janeiro). O cisma estava no centro da Revolução.

Como que prevendo as dificuldades que iria enfrentar, o presidente procurou, em seu discurso de 3 de novembro de 1930, dia de sua posse, mostrar o caráter de coesão nacional da Revolução por ele liderada: Vargas afirmou enfaticamente que nosso país nunca havia vivido experiência semelhante. O movimento de outubro foi, segundo ele, a expressão máxima do povo brasileiro.

Uma ala mais radical dos tenentes pretendia substituir antigos oligarcas regionais, o que, como se viu no primeiro decreto de Vargas, foi em grande parte concretizado graças ao mencionado Clube 3 de Outubro. Esse grupo – composto por tenentes militares e por tenentes civis – planejava transformar o Clube num partido nacional sob a presidência de Góes Monteiro. Seria um espaço em que os membros discutiriam as questões nacionais. A presença dos militares no cenário nacional ganhou preponderância e importância em projetos técnicos que visavam à soberania do país.

Desde os primeiros dias do governo provisório, o país foi marcado por transformações no perfil econômico e social do país. A literatura sobre os feitos modernizadores do governo Vargas é vasta. Para o objetivo do presente trabalho, vale relembrar que entre os primeiros órgãos estava o poderoso, se não o mais importante, Ministério do Trabalho, Indústria e Comércio (MTIC), acompanhado de outros relacionados à ideia de um país cuja industrialização estava em formação, numa paráfrase ao trabalho do professor Pedro C. D. Fonseca.

Getúlio não dependia da aprovação ou da discussão de suas novas leis no chamado governo provisório. Ele tinha poderes que eram criticados em surdina.

"Revoluções" para todos os gostos: conflitos premonitórios

Tratava-se, pois, de uma simples parada militar, mera marcha triunfal até o Rio de Janeiro.

(Coronel Herculano de Carvalho, comandante da Força Pública de São Paulo explicando os motivos da rendição de São Paulo, outubro de 1932)

A "REVOLUÇÃO" CONSTITUCIONALISTA OU "OS LATIFUNDIÁRIOS EM ARMAS"[1]

No primeiro ano do governo provisório da Revolução, era de se esperar que Vargas e seu grupo encontrassem não poucas dificuldades. A supressão das bases da República Velha parecia tarefa impossível. A maior resistência vinha da região avançada da federação, ou seja, do estado de São Paulo, embora em outros estados fosse possível notar ruídos de dissidências, mesmo em grupos que participaram ativamente como aliados no movimento de 1930.

QUEM FOI VARGAS, AFINAL

O Rio Grande do Sul, por exemplo, estava em desacordo com certos encaminhamentos do governo provisório. O poder central sofreu algumas defecções, como a do ministro da Guerra, general Leite de Castro, em junho de 1932, que tinha forte ligação com os setores mais radicais dos *tenentes*. Substituído pelo general Espírito Santo Cardoso, Vargas esperava que o novo ministro recuperasse a disciplina do Exército. A difícil unanimidade se agravou com o pedido de demissão de Oswaldo Aranha, sabidamente um dos principais nomes da Revolução.[2] Em São Paulo, os protestos aumentavam.

O líder do Partido Democrático, Francisco Morato, reclamava da prisão de um coronel comprometido com uma conspiração com raízes em São Paulo. Outro conspirador era o coronel Euclides Figueiredo. São Paulo era um foco de atividades contra o governo central. O Rio Grande do Sul de Flores da Cunha não dava apoio aberto às reivindicações dos paulistas, mas também não as censurava. O próprio Oswaldo Aranha se desligou do Clube 3 de Outubro, por discordar do comportamento radical dos membros, embora já tivesse se manifestado por um governo forte.

Vargas mudou o ministério, mas não quis provocar a ala militar que, aliás, já estava em polvorosa. Como fazer uma revolução e manter os homens do regime anterior, pelos menos nas pastas militares? Era uma reforma ou uma revolução? Os revolucionários queriam modernização, mas sem alterar as estruturas em profundidade. Contudo, uma ala forte dos tenentes queria mudanças mais radicais, como o atendimento às necessidades da maioria da população pobre no combate ao analfabetismo e ao desemprego, a melhoria das condições de trabalho, de moradia, enfim, almejava-se a formação de uma sociedade moderna em que se proporcionasse o bem-estar de todos. Pode-se considerar que o modelo varguista estava sendo ensaiado, buscando a construção de um Estado-providência, que lembrava as reformas dos positivistas gaúchos seguidores de Júlio de Castilhos.

Maurício Cardoso, ministro da Justiça, e Batista Luzardo, chefe da polícia, alto cargo equivalente à atual Polícia Federal, pediram demissão. As fissuras da Aliança Liberal chegavam a ameaçar os objetivos da Revolução. Formaram-se frentes únicas partidárias nos grandes estados que pleiteavam a garantia de eleições livres que deveriam se realizar o mais breve possível. João Neves da Fontoura, outro importante protagonista da conspiração revolucionária, rompeu publicamente com Getúlio, por este não ter seguido alguns dos pontos programáticos da Aliança Liberal.

A situação política se agravou com o comportamento de muitos militares de alta e média patente. A situação da economia também passava por instabilidades. Os responsáveis pelo setor econômico pretendiam renegociar a dívida com a Inglaterra. O representante do banco inglês chegou com o plano pronto, prevendo o equilíbrio orçamentário. Ora, tal orientação não se adequava à política do governo revolucionário, como vimos no capítulo "Da política à luta armada: a Revolução". As negociações não foram adiante, o que obrigou o Brasil a suspender o pagamento da dívida. Se as relações entre o governo provisório e os paulistas estavam tensas, as negociações com a Inglaterra não melhoravam o quadro crítico.

A velada, e logo explícita, crise entre oficiais do Exército revelava instabilidade militar e os diferentes pontos de vista entre os que fizeram a marcha de Porto Alegre até o Rio de Janeiro em outubro de 1930. O general Bertoldo Klinger, por exemplo, chefe militar do Mato Grosso, não participou diretamente da Revolução e se opunha às interpretações do Clube 3 de Outubro quanto às questões sociais que considerava demasiadamente radicais. Bastante conservador, o general chegou a comandar ataques a um movimento de trabalhadores rurais. Klinger também se indispôs com políticos e militares que participavam do governo provisório de Vargas. O general chegou a desobedecer ao ministro da Guerra, além de ofendê-lo. Era um claro ato de quebra da hierarquia e da disciplina, a mais cara regra de um Exército que não estivesse em crise, como o nosso. O general Góes Monteiro ainda tentou apaziguar a situação, mas Klinger mostrava-se inflexível.

Nos estados do Rio Grande do Sul, São Paulo, Minas Gerais entre outros, formaram-se frentes únicas que se opunham a Vargas. O centro irradiador dessa oposição era São Paulo. Uma crescente agitação tomou conta da cidade. Em março de 1932, mais de 100 mil operários haviam cruzado os braços e promovido uma greve, exigindo melhorias de condições de trabalho. As leis trabalhistas do governo federal foram vistas pela Federação das Indústrias do Estado de São Paulo (Fiesp) como defensoras das greves dos operários, associadas aos tenentes e ao governo de Vargas.

Getúlio enviou Oswaldo Aranha a São Paulo para tentar uma solução política com o Partido Democrático. Aranha arriscou a vida, pois o conflito já havia se alastrado e os paulistas tinham formado a Frente Única com a fusão dos antigos partidos (Partido Democrático e Partido Republicano Paulista), lançando pelo rádio um manifesto conclamando a população a sair às ruas em sinal de protesto contra a presença de Aranha na cidade. As lojas fecharam as portas. Na manhã de 23 de maio, estudantes tomaram os estúdios da rádio Record e leram um manifesto reforçando a conclamação do povo para a luta contra o governo central. À noite, os conflitos verbais transformaram-se em enfrentamento violento e armado entre a Legião Revolucionária, o braço armado do Clube 3 de Outubro, e os paulistas, compostos por grupos de estudantes de Direito e populares. Eles eram animados pela cuidadosa disseminação do que podemos chamar de *paulistanismo*, ou, numa forma mais livre, *Paulística*, como quis Paulo Prado, que dizia não ser possível "[...] compreender a História do Brasil sem conhecer a História de São Paulo [...]", comparando São Paulo a uma "locomotiva que arrasta os vagões atrasados da União".[3] A sede da Legião Revolucionária foi atacada por estudantes armados, mas os tenentes revidaram a tiros. O enfrentamento resultou em vários feridos e mortos, entre eles quatro jovens − Martins, Miragaia, Dráusio e Camargo −, cujos nomes deram origem ao movimento MMDC. Hoje, os nomes deles aparecem em uma rua no bairro do Butantã, em São Paulo, uma espécie de alerta para que os paulistas não se esqueçam de 1932, embora a esmagadora maioria dos brasileiros não tenha a menor ideia do que tenha sido esse movimento.

No Rio Grande do Sul, Flores da Cunha tentava contemporizar as diferentes correntes da Frente Única gaúcha que se opunham a Vargas. O interventor rio-grandense se comprometeu com Getúlio que buscaria manter a ordem dentro do seu estado, mas pouco ou nada poderia fazer para mudar a orientação ideológica de um João Neves da Fontoura, que apoiava incondicionalmente as exigências de São Paulo.

O rádio foi um importante instrumento de difusão do *paulistanismo*. E mais, difusor de "educação", como queria Jorge Alves de Lima, um dos porta-vozes da oligarquia paulista. O rádio era por assim dizer, um fator de modernização e irradiador da ideia de progresso material, pelo menos no cosmo urbano de São Paulo, vale dizer, dos valores morais da *paulistanidade*. O rádio do começo da década de 1930 passou da fase amadorística para a profissional, propagandística. Não é por acaso que será usado até o limite na difusão de uma "ideologia" da superioridade de São Paulo para derrotar o governo do "ditador". *Às armas, cidadãos!!!* Era quase um grito de *sans-culottes* chamando todo o povo à revolução. De um longínquo passado, soava a voz de uma "intrépida 'raça de gigantes' conhecida como 'bandeirantes', a qual, após a colonização de São Paulo [...], explorou os limites do território nacional brasileiro [...] e deitou as fundações para uma nova civilização".[4] E, claro, plantou as raízes do progresso, aludindo às qualidades especiais de um povo que criou o que viria a ser chamado de "a cidade que mais cresce no mundo". Os arautos do regionalismo que pregavam a luta contra Vargas eram descendentes, ou assim se diziam, desses "heróis" paulistas de 400 anos, ou "quatrocentões". Foi esse mito construído que se ouviu pelas rádios nos meses que durou a refrega sangrenta. Na verdade, como disse Oswald de Andrade, era o grito dos latifundiários em armas que foi ouvido por considerável parcela do povo paulista.

Nos dias 8 e 9 de julho, enquanto se organizavam as operações militares, a capital paulista continuava sua vida como se nada estivesse acontecendo. Alguns dias antes, a rádio Cruzeiro do Sul, de propriedade da família Byington, de origem americana, prestou homenagem ao cônsul estadunidense pela comemoração do *Independence Day*, inaugurando um programa chamado *Hora americana*. E o morador da cidade, até o momento em que teria início a guerra, foi ao cine Odeon assistir a Edward G. Robinson, contracenando com Loretta Young em *Vingança de buda*.

Na manhã de 10 de julho, a rádio Record anunciava para seus ouvintes: "a Revolução Constitucionalista que partiu de São Paulo na luminosa noite de 9 de julho vitoriosamente caminha pelo Brasil. [...] Ela é feita em nome da lei", segundo o jornal *Folha da Manhã*.

Comprar um aparelho de rádio já não era privilégio dos abastados. O salário médio de uma família de trabalhadores não permitia a compra de um automóvel, mas era o suficiente para adquirir um rádio receptor da marca Fada, ou Erla, ou RCA Victor, ou General Electric. Empresários e estações transmissoras sabiam disso por meio de pesquisas, e a rádio Educadora, a rádio Record e a rádio Cruzeiro do Sul transmitiam os apelos do movimento sedicioso, que seria batizado de Revolução Constitucionalista, da mesma forma que transmitiam os benefícios de um produto de beleza.

Com a liderança dos generais Isidoro Dias Lopes e Bertoldo Klinger, assessorado pelo coronel Euclides Figueiredo, São Paulo se declarou em guerra contra o governo de Getúlio Vargas. São Paulo se mostrava muito confiante. A população, entusiasmada, acreditava numa vitória rápida. O Rio de Janeiro e o governo federal estavam, segundo essa crença difundida por jornais e emissoras de rádio, ao alcance das mãos.

No domingo, dia 10 de julho, a rádio Educadora anunciou a confraternização entre a poderosa Força Pública do estado e a Segunda Região do Exército de São Paulo, sob o comando do coronel Euclides Figueiredo. Assegurava-se que todas as guarnições do estado tinham *hipotecado solidariedade ao levante paulista*. Entusiasmadas notícias transmitidas pela Rádio Record garantiam que as forças do general Klinger se achavam perfeitamente organizadas. Dois dias depois, a juventude se alistava com fervor. O Brasil inteiro levantava-se contra o governo opressor de Vargas. Pelos menos era assim que os jornais paulistas afirmavam. As rádios não ficavam atrás. O entusiasmo era acompanhado por hinos e marchas militares.

Entretanto, a realidade era outra. Menos de um mês depois, São Paulo suspeitou de que estava sozinho, verdade que foi ocultada à população pelo governo paulista com o apoio da radiodifusão e de jornais, como o *Estado de S. Paulo* e *Folha da Manhã*. César Ladeira, famoso *speaker* da "revolução", pediu aos paulistas que doassem suas joias ou objetos de valor para a "Campanha do Ouro para Vitória" e leu ao microfone da Record, com sua já familiar voz empostada, uma exortação do poeta Guilherme de Almeida, pedindo para a população ajudar na compra de armas, uniformes, alimentos, cigarro etc.

Os cartazes da propaganda dos constitucionalistas
lembram os cartazes produzidos pela Inglaterra e os
Estados Unidos no período da Primeira Guerra Mundial.
Note-se que tanto a enfermeira quanto o soldado têm
um semblante carregado de responsabilidade pela
"libertação de São Paulo" do jugo da ditadura de Vargas.

Observando um mapa da região Sudeste, pode-se ter uma ideia de como os paulistas estavam iludidos pela propaganda do chamado governo constitucionalista. As forças dos Exércitos federais vindas do Sul já dominavam parte do território paulista além do rio Paranapanema. A frente mineira, isto é, todo norte do estado de São Paulo, com exceção de um trecho do túnel ferroviário da serra da Mantiqueira, estava nas mãos dos federais. Góes Monteiro, o comandante-geral do governo, tinha um amplo projeto estratégico para, provavelmente, tomar a capital paulista. No entanto, Vargas foi além do plano militar do general. Queria, isto sim, conquistar corações e mentes dos paulistas. Por isso, tinha que ser muito cuidadoso, ser político, além de militar.

Algumas emissoras de rádio começaram a mencionar, de passagem, as baixas dos paulistas. A rádio Record também descrevia a "crueldade" das forças do federais nas cidades do interior, principalmente o ataque aéreo a Campinas, ocupada pouco depois. A trágica situação de São Paulo era notada na fala de um personagem do citado romance de Oswald de Andrade: "Corneta, tambor, rádio, discurso, madrinha, depois tiro, carrapato, fome... é essa a passeata ao Rio de Janeiro."[5] Importante lembrar que Oswald já tinha se convertido ao comunismo.

As rádios do Rio de Janeiro transmitiam programas desmentindo as "fantasias" das rádios paulistas, alardeando "vitórias" dos constitucionalistas. Vargas queria encerrar a luta o mais rápido possível. Klinger aceitava a ideia, mas sob condições por ele imaginadas. Para Getúlio, só a rendição incondicional era viável. A realidade estava na ficção do Oswald de Andrade:

> Um oficial entrou, pequenino, de óculos. Dirigiu-se aos prisioneiros. − Meus compatriotas polistas! Nós estamo popando vocês porque somos da mesma nacionalidade. Admiramos o heroísmo dos polistas. Mas nosso dever será cumprido. Como cristão e brasileiro eu reprovo a guerra. Mas vocês são muito mitido a sebo e precisa apanhá.[6]

Os combates continuavam e eram particularmente violentos no vale do Paraíba, entre Rio e São Paulo, com as tropas federais comandadas por Góes Monteiro. Um dos batalhões que lutaram na retomada do túnel ferroviário da Mantiqueira era comandado pelo coronel Eurico Gaspar Dutra, que desempenhará papel importante ao longo do governo Vargas. Benjamim Vargas, irmão do presidente, lutou num corpo auxiliar da brigada militar, acompanhado de dois filhos de Getúlio, sob o comando de Dutra.

O desânimo tomou conta das tropas de São Paulo, abrindo possibilidades de negociações diretas entre os oficiais do Exército do governo de Vargas e a Força Pública Paulista, comandada pelo coronel Herculano de Carvalho, que desprezou as soluções estapafúrdias de Klinger. O coronel chegou a ser acusado de traição e submetido a penas severas, o que caiu no vazio, pois a Força Pública depôs o governador constitucionalista e se comprometeu a manter a ordem no estado sob as ordens do governo federal.

Durante o mês de setembro, a cada dia que passava, cresciam as notícias sobre a "inevitável" vitória das forças paulistas. A veiculação, de modo geral, era simultânea em jornais e nas rádios. Os jornais diziam que a vitória estava garantida e era inevitável. Entretanto, entre os dias 17 e 18, Getúlio anotava em seu diário: "Os rebeldes continuam a retirada na frente leste: entregaram Lorena e já evacuando Guaratinguetá."[7]

Mas antes de o movimento completar 3 meses, no dia 2 de outubro, a bazófia paulista já tinha terminado: o coronel Herculano de Carvalho, comandante da Força Pública de São Paulo, oficializou o fim da guerra quando assinou em Cruzeiro, cidade do vale do Paraíba, a convenção militar que selava a derrota paulista.

O coronel explicou as razões da sua atitude ao assinar a rendição:

> Não obstante, estávamos em atitude de expectativa, quando surgiu uma nova concepção de plano, segundo a qual a vitória seria garantida sem um único disparo de fuzil: as tropas paulistas formariam alas à passagem das de Mato Grosso,

> vanguardeiras das guarnições do Rio Grande do Sul tinham no seu flanco esquerdo as de Minas Gerais; tratava-se, pois, de uma simples parada militar, mera marcha triunfal até o Rio de Janeiro. Pura ilusão! Desde logo se nos apresentou a realidade de uma resistência armada das tropas federais, a barrar-nos nas fronteiras do Estado, a passagem para a Capital da República. [...] Nesse passo, justamente é que se fez sentir, contrária à verdade, o papel da imprensa e do rádio.[8]

Para ser mais preciso, pode-se dizer que o primeiro sinal de derrota de São Paulo já estava anunciado quando os paulistas contaram como certa a adesão do Exército de Minas, barrado por forças comandadas por Juarez Távora. O segundo foi quando o instável e histriônico general Klinger, esperado à frente de grandes unidades do Exército do Mato Grosso, chegou a São Paulo praticamente sozinho.

É notável como muitos dos que fizeram a Revolução de 1930 eram simpáticos a um governo forte para "separar o joio do trigo", como quis Juarez Távora, isto é, livrar o Brasil do domínio de uma oligarquia viciada, corrupta e apegada aos privilégios por meio de uma ditadura. Vargas tentava alcançar esse desiderato de forma segura e objetiva, desde que não provocasse transformações estruturais profundas na sociedade brasileira. Entretanto, a chamada "Revolução Constitucionalista" acabou por adiar esse projeto, que só foi retomado depois da derrota de São Paulo e, como veremos, de superado o levante comunista de 1935, na seção "Uma Constituição em ambiente hostil".

E como se deu oficialmente a rendição dos paulistas? Getúlio Vargas e Góes Monteiro incorporaram a Força Pública de São Paulo ao Exército, com a concordância do seu comandante, o coronel Herculano. O general Klinger, finalmente, pediu a cessação de atividades militares. Os paulistas, ignorando o general Klinger, comprometeram-se a reconhecer unicamente a autoridade do governo federal e obedecer às ordens de seus representantes legítimos, diminuindo a autonomia do estado rebelde.

Vargas aprovou a minuta da rendição, e concluiu: "Vejo [...] um meio hábil de evitar a continuação da luta, ressalvando, ao mesmo tempo, integralmente a autoridade do Governo e poupando o povo paulista de ostentação de força que poderia melindrá-lo, neste momento de exacerbação dos políticos".[9]

Vargas pretendia controlar São Paulo, sem humilhá-lo. Talvez esse ato de Vargas tenha forjado uma espécie de mito, assim como aconteceu com os confederados na Guerra Civil americana, quando os rebeldes do sul, derrotados no plano militar, criaram, depois da Reconstrução (1877), o Mito da Causa Perdida, que infundiu uma carga emocional de vitória, inexistente, para superar o trauma da derrota. Até os dias atuais, esse mito é relembrado por meio de palavras, filmes, livros e monumentos, divulgando a ideia de que os confederados sulistas teriam travado uma guerra heroica, honesta e justa — embora não se mencione a violência da escravidão. Da mesma forma, aqui, o feriado de 9 de julho permanece, não para comemorar uma vitória militar, que não houve, mas a "força moral" dos paulistas que, segundo a narrativa pós-guerra, lutaram pela democracia e pela autonomia do governo estadual. Não foi difícil apropriar-se das palavras *revolução* e *constitucionalista*. A "Revolução Constitucionalista", movimento iniciado em São Paulo na noite de 9 de julho de 1932, foi uma rebelião contra a Revolução de 1930. Os paulistas queriam uma Constituição que devolvesse o poder que tinham antes de 1930. O mito sobrevive lá, nos Estados Unidos, e aqui, no Brasil, ou melhor, em São Paulo.

UMA CONSTITUIÇÃO EM AMBIENTE HOSTIL

Com a vitória na guerra contra São Paulo, Getúlio enfrentou os conflitos de uma Constituição que atendesse às reivindicações dos governos locais sem perder a força do governo central. Era, como se pode inferir, uma tarefa quase impossível.

A Assembleia Nacional Constituinte começou a ser esboçada dois meses antes da guerra paulista e ficou em tempo de espera até o fim dos combates. Foi retomada oficialmente com a convocação, em novembro de 1932, de uma comissão, para discutir o projeto da Constituição, da qual participava a *intelligentsia* político-militar: Afrânio de Melo Franco, Góes Monteiro, Oswaldo Aranha, José Américo, Oliveira Vianna, entre outros.

Em maio de 1933, realizaram-se eleições em todo o Brasil para escolher os constituintes. Dentre os eleitos, havia representantes de associações classistas, o que era um avanço em relação à República Velha quando qualquer reivindicação de classe soava como "um caso de polícia". Talvez isso possa ser interpretado como um passo para a legalização de um corporativismo, marca do pensamento varguista, como veremos no capítulo "O Estado Novo: uma ditadura paradoxal".

A seção inaugural da Constituinte deu-se no Palácio Tiradentes, no dia 15 de novembro de 1933, com a presença do presidente Vargas. Diferentes temas eram abordados na reunião preparatória da Constituição; no entanto, o ponto mais evidente era o antagonismo entre os constituintes tenentistas, que queriam o fortalecimento do governo central juntamente às reformas aventadas pela Aliança Liberal; e os constituintes da oligarquia, que atacavam o poder executivo e lutavam para restaurar e/ou conservar seu *status*. Era quase uma "cópia" do que acontecera em 1890-1 com Prudente de Moraes atacando o governo de Deodoro da Fonseca.[10]

A terceira Constituição do Brasil e a segunda da era republicana foi promulgada em julho de 1934. O preâmbulo faz lembrar fragmentos da carta dos Estados Unidos: "Nós, os representantes do Povo Brasileiro, pondo nossa confiança em Deus, reunidos em Assembleia Nacional Constituinte, para organizar um regime democrático que assegure a unidade nacional, a liberdade, a justiça e o bem-estar social econômico da Nação [...]".[11] O título I, "Da Organização Federal", confirma alguma semelhança com a Constituição estadunidense, que também inspirou a Constituição de 1891. Ou seja, o poder central não podia agir livremente, como queriam os tenentes e o próprio Getúlio e seus colaboradores mais próximos. Pouco antes de a Constituição ser aprovada, Vargas escreveu no seu diário: "Com a Constituição que está para ser votada, talvez seja preferível que outro governe. Não tenho dúvidas sobre as dificuldades que vou enfrentar [...], com tal instrumento de governo, será perdido o esforço."[12]

Uma passagem curiosa pode ajudar a entender o conflito íntimo de Vargas. Eleito indiretamente[13] presidente do Brasil pela Assembleia, encontrou-se com Levi Carneiro, consultor e assessor jurídico desde a época do governo provisório. Voltando-se para Carneiro, Vargas disse: "Estava habituado a escrever em papel sem pauta. Agora tenho que obedecer ao riscado." E o assessor respondeu de bate-pronto: "Não será papel pautado, presidente, mas quadriculado."[14]

Com a nova Constituição, os poderes do presidente diminuíram. De certa maneira, Vargas, a contragosto, só podia referendar medidas, como a que deu anistia aos revoltosos paulistas, inclusive aos que haviam escolhido o exílio depois da derrota e agora poderiam voltar ao país. Contudo, o presidente iria recuperar o poder na razão direta em que surgiam novas agitações e conflitos que se acumulavam desde o movimento de 1930.

O governo tinha assim duas frentes das quais não podia descuidar: uma era a economia, que se recuperava da crise; e a outra era conter os conservadores, principalmente de São Paulo. Para ser mais rigoroso, havia ainda outra frente: a constante ameaça de levantes e golpes da esquerda e da direita do Tenentismo, mesclada à indisciplina de setores do Exército insatisfeitos com os caminhos que a política do país parecia tomar.

Em janeiro de 1935, foi criada a Aliança Nacional Libertadora, a ANL, que era uma frente antifascista de amplo espectro, com o propósito de agrupar todos os progressistas e democratas, em outras palavras, todos aqueles que hoje poderiam ser classificados de esquerda: católicos progressistas, intelectuais, comunistas, trotskistas, anarquistas, democratas, positivistas, liberais etc.

A ANL só fez crescer o clima de instabilidade, principalmente quando passou a agitar a bandeira de matizes radicais a favor da reforma agrária, do confisco de empresas imperialistas, da suspensão da dívida externa e em oposição à Lei de Segurança Nacional. Luís Carlos Prestes, na mesma época, voltou clandestinamente ao Brasil, acompanhado de Olga Benário, como se verá na seção "O corolário da ditadura: a Intentona Comunista", para fomentar uma revolução socialista. O período entre novembro de 1930 e a instalação do Estado Novo, em 1937, foi de intensas agitações nos meios políticos, militares e operários. Era, segundo Prestes e seus seguidores, uma situação ideal para uma revolução. E a ANL parecia, aos comunistas, um sinal favorável à sua causa.

A conturbação social e a conspiração passaram a fazer parte do cotidiano de Rio de Janeiro, São Paulo, Rio Grande do Sul e de outros estados. "O tenentismo estava extinto, mas as inquietações persistiam. De todos os lados vinham avisos de conspirações em andamento."[15] Pode-se dizer que o Tenentismo ganhou uma sobrevida graças a associações com alas das oligarquias regionais ou se aproximando da esquerda. A constatação do pesquisador que investiga o período é a de que ninguém estava satisfeito. Do Rio Grande do Sul aos estados do extremo norte, os interventores, depois governadores, compunham com o que restou dos tenentes e se esforçavam para manter sua autonomia. O caso mais notório foi o de Flores da Cunha, figura ubíqua de destaque no Rio Grande do Sul, eleito governador. Ele dava opiniões sobre o Pará, mas não resolvia problemas no seu próprio estado. A indisciplina entre militares ali era mais um complicador na conjuntura que precedeu o golpe de 1937, como se verá no capítulo "O Estado Novo: uma ditadura paradoxal".

A direita, seguindo a tendência mundial, criou, em outubro de 1932, a Ação Integralista Brasileira (AIB), liderada por Plínio Salgado, Gustavo Barroso, Miguel Reale, entre outros. A AIB se organizava em falanges aos moldes dos *fasci di combattimento,* o braço armado do Partido Fascista de Benito Mussolini, na Itália. Se os militantes do partido de Mussolini usavam camisas pretas, os integralistas vestiam camisas verdes. A Ação Integralista Brasileira tinha simpatia pelo governo de Vargas, pelo menos até novembro de 1937. Entraram várias vezes em choque com militantes da esquerda, como o que ocorreu em outubro de 1934, em São Paulo, com mortos e feridos. A situação instável no plano da política, contudo, não impedia que o Brasil se modernizasse.

SINAIS DE DIVERSIFICAÇÃO NA ECONOMIA

Muitos foram os resultados da guerra civil paulista, durante e depois do conflito. Para os combates em 1932, por exemplo, o governo da chamada "Revolução Constitucionalista" impulsionou, como era esperado, a produção de armas e artigos correlatos. "A indústria paulista aprendeu que podia conseguir mais eficiência dos operários concedendo-lhes mais benefícios em vez de recorrer a ameaças e violências."[16] Isso significava que o empresariado paulista se valeu dos princípios do Ministério do Trabalho, Indústria e Comércio (MTIC), um órgão federal, tecnicamente inimigo, para promover o bem-estar social, o que acabava por aumentar a produção. Por tudo isso, as forças paulistas usaram pólvora de fabricação própria, além de algumas armas produzidas nas oficinas e nas metalúrgicas, como as das fábricas Matarazzo. Eram armas e munição, carros de combate adaptados e outros instrumentos de guerra, além de capacetes, cantis, coturnos etc. Algumas vezes, as armas criadas e recriadas por engenheiros e militares paulistas não davam o resultado esperado. Oficiais paulistas queriam, por exemplo, uma arma ideal para combates em trincheiras e tentaram produzir um morteiro para artilharia. Vários oficiais foram convidados para testemunhar o funcionamento da arma num campo desabitado do atual bairro do Jabaquara. No terceiro teste, a arma explodiu no local, matando dois oficiais e ferindo o general Klinger, comandante das forças paulistas.

A guerra paulista serviu para alertar o Exército brasileiro de que só uma sociedade industrializada poderia suprir uma força armada moderna que pudesse evitar improvisos, como o que resultou no trágico acidente com militares paulistas. Precisávamos de indústria pesada, como siderúrgicas, para produzir nossas próprias armas. São Paulo já era um centro industrial importante. Talvez por isso, Vargas e Góes Monteiro tenham poupado a cidade de uma ocupação militar que poderia humilhar o conhecido orgulho do centro manufatureiro.

O avanço da industrialização era notável, assim como a diversificação da agricultura. Com Vargas, o café já não reinava sozinho, teve que repartir a soberania com o algodão, com o açúcar, couros e peles. Claro que ainda era o principal produto de exportação, mas uma boa parte do que se produzia aqui era para consumo interno.[17] Um dos casos mais notáveis foi o do açúcar. No período da crise, sua exportação caiu a ponto de quase desaparecer. O que fazer com o excesso da produção? Para Getúlio, a solução foi transformar em álcool o excedente, que foi usado, já na época, como combustível.[18]

A criação do Instituto do Açúcar e do Álcool possibilitou essa política. O Ministério da Agricultura se dinamizou, criou vários departamentos e institutos, estabelecendo um produtivo diálogo entre a pesquisa acadêmica e a economia. Os técnicos vinham de escolas especializadas ou de estabelecimentos de ensino superior, como a Escola Agrícola Luiz de Queiroz, de Piracicaba, para promover o fomento e a defesa agrícola. Para ser funcionário em qualquer uma dessas áreas, era necessário prestar um concurso que demonstrasse qualificação técnica. Em outras palavras, o apadrinhamento, tão característico da República Velha, não desapareceu, mas era cada vez mais difícil.[19]

Além do esforço na área agrícola, o governo não descuidou dos meios de transporte, prosseguindo, por exemplo, com a eletrificação da Central do Brasil, o que melhorava as condições de viagem dos moradores dos subúrbios cariocas.

O interventor de São Paulo, Armando de Salles Oliveira, em abril de 1934, assinou um decreto que criava o Instituto de Pesquisas Tecnológicas, seção especial ligada à Escola Politécnica. A iniciativa atendeu aos anseios das indústrias nacionais. O objetivo era trabalhar com modernas técnicas para a escolha de matérias-primas adequadas e necessárias para a produção de bens para o mercado interno. O Brasil começava a se apropriar da dinâmica de um mundo moderno. Quando da rebelião paulista de julho de 1932, o Laboratório de Ensaios de Materiais (LEM), precursor da Politécnica, produziu granadas, lança-chamas e outras armas, criando uma relação entre a escola e a indústria, uma das marcas da modernização que teve um grande avanço na Primeira Guerra Mundial. Depois de 1932, experiências foram aproveitadas para a época de paz, atuando em "obras de capital importâncias requeridas pelas estradas de ferro, pelas indústrias, pelas empresas de transporte e repartições públicas de caracter technico.".[20]

Pode-se dizer que havia um *zeitgeist* otimista que lembrava os primeiros momentos do *New Deal* de Roosevelt, aliás, ocorrendo praticamente ao mesmo tempo que as reformas do governo Vargas.

Apesar disso, havia lá também a procura de soluções por meio do fortalecimento do poder central, embora num registro diferente do que ocorria aqui. Dito de outra forma, não vivíamos um *New Deal*, passávamos longe do liberalismo, mas Roosevelt, em março de 1933, estava flertando, de muito perto, com governos fortes para sair da crise. Pelo menos foi o que ele disse no discurso de posse de 4 de março de 1933, quando criticou a ação dos plutocratas e exigia amplos poderes para livrar o povo da situação aflitiva em que se encontrava.

No Brasil, vivia-se certo entusiasmo com as transformações que ocorriam. Vargas não perdia uma ocasião para salientar o avanço que o Brasil experimentava. O nacionalismo do novo governo acentuava, como já visto, o papel da indústria como motor de nossa autonomia. Era uma inversão do "discurso ideológico dominante até então, o qual estabelecia a primazia da agricultura sobre a indústria [...]".[21] De certa forma, o Brasil estava superando a crise de caráter internacional e se afastando, na medida do possível, da dependência do mercado externo.[22] Eram, como ficaram conhecidas, a substituição das importações e a diversificação das exportações.[23]

Invenções davam um ar de coisas e ideias novas que poderiam ser aproveitadas. O sr. José López Echániz, por exemplo, inventou uma balança registradora automática, que "com a plataforma de rodilhos e mecanismos especiaes: pesa volumens em movimento, somma as pesadas e conta os volumes pesados".[24] O inventor estava estabelecido em Santos e oferecia sua máquina a quem tivesse negócios com a cultura de café, arroz e outros cereais, tanto para exportação como para um crescente mercado interno.

A ideia de progresso, desenvolvimento e espírito de novos tempos, que já tomava corpo nos primeiros anos da Revolução de 1930, podia ser notada nas páginas de jornais da época. As transmissões radiofônicas paulistas, que haviam sido interrompidas com a derrota de São Paulo, foram retomadas com uma grande inovação: a inserção de propaganda comercial, regulada por lei do governo provisório. Uma propaganda comercial, por exemplo, não poderia ultrapassar 30 segundos e a "dissertação [devia ser] proferida de maneira concisa, clara e conveniente à apreciação dos ouvintes [...]".[25] E a lei ainda acrescentava um programa que deveria ser transmitido em rede nacional. Embora não tivéssemos muitas estações de rádio, elas estavam se multiplicando rapidamente pelo país e aproveitadas pelo governo federal. Foi assim que nasceu a conhecida *Hora do Brasil*, "programa nacional que deverá ser simultaneamente retransmitido pelas demais estações da rede [...]".[26] Note-se que havia duas preocupações básicas nos artigos da lei. A primeira era relacionada à propaganda comercial que, apesar de permitida, limitava a criação dos produtores pelo tempo e pela proibição da reiteração. O consumidor era levado em conta — lembrar que a crise fez com que a nossa economia se voltasse também para o mercado interno —, por isso a propaganda não deveria ser exagerada.

Com a aprovação da Constituição em 1934, entretanto, a lei foi objeto de uma segunda preocupação, isto é, a chamada "guerra" entre as emissoras de rádio, a qual ficou conhecida como "guerra pelo éter". O governo federal enfrentou a oposição das emissoras paulistas que se recusavam a seguir os limites estabelecidos pelo decreto do governo e não queriam que o tempo a ser utilizado pela propaganda fosse limitado. Além disso, recusavam-se a retransmitir o programa obrigatório nacional. Os paulistas usavam todos os meios para dar credibilidade à sua causa.

Outra novidade radiofônica da época foi o rádio jornal ou jornal falado, que funcionava como veículo complementar da imprensa escrita. As estações de rádio de São Paulo iniciaram programas femininos, em especial com anúncios de cosméticos e roupas íntimas. Além de programas dirigidos ao público feminino, foram criados programas infantis e esportivos, como as primeiras irradiações de futebol. E, naturalmente, os "anúncios" de produtos relacionados ao consumidor de cada um desses segmentos e ao público em geral. Embora seja do conhecimento de todos, vale notar que também se vendia música pelo rádio, o que completava o ciclo entre as gravadoras, os editores de partituras e os ouvintes. Foi nesse período que o samba se tornou o gênero mais gravado e ouvido no Brasil. É da mesma época o cinema nacional que lançou uma série de filmes com temas ligados à música popular de Carnaval, como foi o caso de *A voz do Carnaval*.[27]

Também nesse período, foi fundada a Escola Livre de Sociologia e Política, de orientação mais americana do que europeia. Seu objetivo principal era formar elites para dirigir um Estado que promovesse um equilíbrio entre as diferenças sociais. Por isso, os cursos oferecidos eram noturnos, valorizavam a Psicologia Social, a Introdução à Economia, a Psicologia do Trabalho e a Estatística. Era, sem dúvida, uma iniciativa paulista, mas que não deixava de se inspirar em alguns fundamentos de um Oliveira Vianna, que recebeu considerações elogiosas do orador das festividades de inauguração da instituição. Oliveira Vianna era um sociólogo fluminense, teórico de uma sociedade corporativa, conhecido por suas posições antiliberais e consultor de Vargas.

O poder do governo central objetivava manter sob constante controle os cafeicultores paulistas, ciosos da tradicional liberdade de interagir, por sua própria conta, com o mercado internacional. Os lavradores, como eram conhecidos os grandes proprietários de terras, acusavam o governo de criar obstáculos para a livre-iniciativa. O governo criou o Departamento Nacional do Café com o claro objetivo de fortalecer uma economia independente, incentivando pesquisas para medir as possibilidades do consumo interno do nosso principal produto agrícola de exportação. Os entraves que os paulistas denunciavam eram, na verdade, cotas para evitar a superprodução e os cafeicultores procuravam burlar as normas. Os dados enviados pelos paulistas não eram verdadeiros nem inspiravam confiança no governo federal. Por isso, Vargas deu uma resposta dura às oligarquias: as receitas de exportação não poderiam ser exclusividade dos estados. A autonomia deveria ser limitada pela tributação.[28]

Apesar das reclamações, a indústria ligada à cafeicultura dava sinais de progresso. Uma pequena nota no jornal chamava a atenção para as vantagens das máquinas despolpadoras de café. O fabricante da máquina garantia que o café despolpado tornava o embarque muito mais fácil. Desenvolviam-se, assim, técnicas mais rápidas para o beneficiamento do café, o que aumentava o lucro do fazendeiro. São Paulo continuava exportando café, mas não exatamente como os paulistas queriam.

UMA CRISE MUNDIAL ANUNCIADA

Os militares brasileiros olhavam para o crítico panorama interno, mas sabiam que a situação de crise não era prerrogativa exclusiva nossa: 1934 e 1935 prenunciavam tempos difíceis. Isso foi detectado, com bastante propriedade, pelo general Góes Monteiro ao anunciar no começo de 1934, em conversa com o presidente, que a Europa estava se aproximando de um grande conflito, talvez maior do que a Grande Guerra. As palavras de Góes foram confirmadas pelos oficiais do Estado Maior. Na Europa, os militares brasileiros calculavam que havia cerca de 3 milhões e meio de homens e quase 10 mil aviões preparados para entrar em combate a qualquer momento. Os sinais eram claros no decorrer do período: a recuperação ilegal da região do rio Reno pela Alemanha, seguida do rearmamento da potência nazista, a guerra italiana na África, a anunciada Guerra Civil Espanhola. E se estendermos esse quadro até a Ásia, as previsões dos militares brasileiros continuaram certeiras.

Em nosso país, apesar de todos os sinais de progresso, o clima de golpe, de agitação, seguido de greves, não se desfez. Ao contrário, as conspirações se multiplicavam. Como Vargas não gostava de vender couro de onça que ainda estava no mato, como costumava dizer, ficou aguardando, ou pelo menos se preparando, para aparar o golpe das agitações que marcaram o período.

A ANL tinha firmes propósitos de combater a AIB. A recíproca era verdadeira. A AIB e a ANL surgiram num momento em que o país carecia de partidos nacionais, isto é, que tivesse atuação no país inteiro. Somente a ANL e a AIB eram organizações políticas de amplitude nacional e acabaram por preencher o grande vácuo que marcava a vida política brasileira. A polarizada paisagem, à esquerda e à direita, criava espaço para a formação de diversos partidos no período da votação da nova Constituição, a tal ponto que o jornal *O Estado de S. Paulo* fez uma análise que, curiosamente, pode remeter aos dias de hoje: o excesso de partidos inibia a iniciativa política mais produtiva.[29]

O jornal, defensor incontestável da causa paulista, estimulava a formação de um partido único para votar por São Paulo.[30] Pregava, na prática, a ressureição do velho PRP. Pretendia uma chapa única, que se imaginava batizar como Partido Constitucionalista.

De qualquer forma, Getúlio Vargas, como vimos, foi eleito presidente indiretamente pela Assembleia. Vargas preferiu "obedecer ao riscado", como havia dito.

Em sintonia com as perceptíveis mudanças econômicas, sociais e urbanas, havia, sob a superfície dessa emulação de uma sociedade capitalista mais moderna, uma desigualdade muito grande que, segundo uma perspectiva mais conservadora, poderia ser aproveitada por "forças estranhas" à nossa sociedade, o que vale dizer, comunistas.

Nessa época, alguns intelectuais começaram a ser mais notados. À esquerda e à direita, escreviam-se muitos livros e lia-se mais ainda. A indústria editorial passou por profundas modificações pós-1930. Algumas editoras antigas fecharam as portas e deram lugar para empresas editoriais mais dinâmicas. "A Companhia Editora Nacional aumenta suas tiragens de 350 mil cópias para dois milhões de exemplares, entre 1931 e 1937. A livraria Globo, de Porto Alegre, torna-se uma editora de reputação nacional, traduzindo literatura inglesa."[31] Algumas obras procuravam entender o Brasil. Caio Prado Jr., com *Evolução política do Brasil*, publicada em 1933, deu sua contribuição pela esquerda; Plínio Salgado, com artigos nacionalistas, pela direita, com a coleção *Problemas políticos contemporâneos*, que apoiava, com cautela, o governo provisório; Azevedo Amaral, mais analítico, elaborado e ideológico, escreveu *Renovação nacional*, em 1936, prenunciando *O Estado autoritário e a realidade nacional*, de 1938. Essa lista poderia ser aumentada com ensaístas como Oliveira Vianna, Gilberto Freyre, Sérgio Buarque de Holanda, entre tantos outros.

A situação política do país entre 1930 e 1937 podia ser resumida segundo a interpretação do historiador Nelson Werneck Sodré: "A luta entre a componente oligárquica e a componente reformista, que se haviam aliado para o movimento de 1930, ocupa esse período e lhe marca o contorno."[32]

Para o Partido Comunista, o panorama brasileiro visto de Moscou, pelas lentes da Internacional Comunista (IC) (Comintern, em inglês), era propício para a revolução, no sentido dado pela literatura marxista. As agitações políticas e sociais eram entendidas como sinais positivos para uma revolta. As várias greves de ferroviários, de trabalhadores nas fábricas, a indisciplina militar, as tentativas de levantes golpistas, a guerra civil de São Paulo, tudo isso era uma oportunidade que, para os comunistas brasileiros, não podia ser perdida. A Aliança Nacional Libertadora, que havia sido, em parte, dominada pelos comunistas, parecia ser a melhor via para preparar um movimento de caráter socialista em nosso país. A ANL foi posta na ilegalidade pela Lei de Segurança Nacional, em julho de 1935. Mesmo na clandestinidade, considerava-se continuadora do movimento tenentista. Por isso, se a Coluna Prestes, uma das correntes do Tenentismo, não tinha sido capaz de instilar a revolução nas veias do brasileiro em 1925, 1926 e 1927, agora, Luís Carlos Prestes queria repetir com sucesso, ou melhor, ressuscitar o moribundo Tenentismo de esquerda convertido ao comunismo, na certeza de que o povo abraçaria a revolta com fervor. O grupo de comunistas que chegou ao Brasil na mesma época de Prestes parecia entender que o levante armado de quartéis poderia ser uma espécie de foco que despertaria toda a nação de trabalhadores no campo e nas cidades para a grande revolução brasileira.

Os militantes da IC conseguiram entrar em contato com a ANL dois meses antes de ser cassada pela Lei de Segurança. Alguns membros da ANL não concordavam com a proposta insurrecional, outros abraçaram com fervor o planejado levante armado.

Na verdade, setores da esquerda que militavam na ANL tinham, momentaneamente, adotado um programa nacionalista-burguês, se assim podemos chamar, ou seja, um programa mais moderado; já os comunistas, de forma quase simultânea, procuraram impor a ideia de luta armada, pegando de surpresa vários dirigentes da ANL. E, para complicar o quadro já bastante confuso, os comunistas confiavam num levante armado com apoio do campo. Essa proposta incluía o que eles consideravam como "movimento guerrilheiro" camponês, isto é, os cangaceiros de Lampião do Nordeste.[33] Segundo a análise do Partido Comunista do Brasil (PCB), o cangaço era mais um sinal de que o país estava maduro para a revolução.

Mas o panorama econômico apontava em direção oposta. Controlada a crise, "a situação era, [...] de avanço da economia: taxa de crescimento do PIB [...] em torno de 7% ao ano, o número de operários crescia porque era crescente a industrialização".[34] As condições dos assalariados tinham alcançado um nível mais elevado, em sintonia com o avanço da economia. Além disso, a mecanização da agricultura começou a mudar o panorama das atividades do campo, quando tratores e colhedeiras passaram a ser adotados em grandes lavouras. Claro que se compararmos aos Estados Unidos, os números são irrisórios, mas, em relação ao Brasil do "antigo regime", o salto era significativo. Mesmo assim, o Partido Comunista não levou em conta essa situação conjuntural. Ao contrário, achava que exatamente por isso a revolução proletária estava ao alcance da mão (ou de um golpe de mão?). Poderia até, e isto sim era mais realista, haver condições para levantes militares, e há que se considerar que Prestes nessa ocasião era mais tenentista do que comunista, o que não mudava muito o quadro. Rebelião rimava com revolução. Eis um caminho para entendermos o fracasso da "revolução", entre aspas, tentada pelos comunistas, sob a liderança de Luís Carlos Prestes, que achava que sua fama de invencível na Coluna, dez anos antes, fosse suficiente para despertar o "gigante adormecido".

Menos de dois meses depois da chegada de Prestes, o presidente Vargas foi avisado pelo embaixador inglês, Sir William Seeds, com base em relatório do MI6, serviço de inteligência da Inglaterra, da chegada de agentes e militantes da Internacional Comunista, por isso o governo redobrou a atenção e procurou se preparar para uma surpresa. O presidente Getúlio Vargas já tinha às mãos os instrumentos legais para combater atos de subversão desde março de 1935: a Lei de Segurança Nacional.

O COROLÁRIO DA DITADURA: A INTENTONA COMUNISTA

Esperava-se um grande levante e uma greve geral em sinal de protesto pelo fechamento das sedes da ANL em todo o território nacional. Nada disso aconteceu. Forte sinal não percebido, ou ignorado, por Prestes e seus parceiros.

A bibliografia que trata dos levantes de novembro de 1935 é extensa e de diversas correntes teóricas, cuja discussão não é o objetivo do presente trabalho. É interessante pensar, entretanto, no significado da palavra *intentona* que designa um *plano insensato* ou um *cometimento temerário*. Ocorre que o levante foi batizado como Intentona Comunista pelas Forças Armadas que, com forte apelo patriótico e apoio da AIB, instilavam o medo ao comunismo nos meios militares e na classe média, apresentando-o como uma ideologia estrangeira e antibrasileira. O mesmo ocorria em boa parte do mundo ocidental: na Europa, em especial na Alemanha, com a vitória do nazismo, radicalmente anticomunista; nos Estados Unidos, com o auge do "medo ao vermelho" (*red scare*), que prevaleceu na América até quase o começo da entrada dos estadunidenses na Segunda Guerra.

A luta armada, ausente no programa original da ANL, foi bastante incentivada pelas declarações de Prestes: "o poder só chegará às mãos do povo através dos mais duros combates. [...] Todo poder à Aliança Nacional Libertadora".[35] Uma das primeiras críticas veio do veterano paulista Miguel Costa: Prestes, segundo ele, estava alheio à real situação social e política do Brasil e seguia orientações de um modelo estranho à nossa realidade histórica. Embora a história dos levantes seja relativamente conhecida, vale revisitar, ainda que brevemente, algumas passagens.

No Nordeste, forças militares de Natal, capital do Rio Grande do Norte, do 21º Batalhão de Caçadores, rebelaram-se em 23 de novembro de 1935. Constituído principalmente de soldados, cabos e sargentos, o grupo conseguiu dominar parte da cidade. À noite, começaram combates entre os rebeldes e os soldados legalistas da Força Pública, dominados na manhã do dia seguinte.

O levante de Natal conseguiu sobreviver por alguns dias. Houve participação popular e um "governo" formado por um sapateiro, um funcionário público, um sargento, um estudante e funcionários dos Correios, com esperanças de irradiar o movimento por todo o Nordeste. O registro de um dos rebeldes é bastante curioso: "O povo de Natal topou a revolução de pura farra. Saquearam o depósito do 21º BC e todos passaram a andar fantasiados de soldado. Minha primeira providência como 'ministro' foi decretar que o transporte público seria gratuito. O povo se esbaldou de andar de bonde sem pagar."[36] O movimento foi reprimido por forças federais, passados alguns dias.

O levante chegou a Recife quando o quartel do 29º Batalhão da Infantaria Ligeira foi tomado por soldados rebeldes que, pouco depois, enfrentaram um contra-ataque de forças legais. Combates nas ruas eram claramente favoráveis às forças federais. Um sargento, militante do PCB, Gregório Bezerra, que ficou muito em evidência na década de 1960, tentou resistir, mas foi ferido e preso.

Por último, no Rio de Janeiro, Vargas e seus ministros se preparavam para enfrentar o perigo já anunciado: a rebelião de forças militares da capital da nação. A essa altura, o governo contava com a ajuda de um poderoso instrumento: a propaganda organizada e dirigida pelo Departamento de Propaganda e Difusão Cultural (DPDC). O Congresso estudava e discutia passar um cheque em branco para o presidente e as forças policiais e militares: decretar o estado de guerra, ajudado pela propaganda difundida pelo DPDC.

Prestes, em reunião no "quartel-general" improvisado e clandestino, insistia que os militares da Vila Militar, da Escola Militar e da Aviação Militar só estavam aguardando um sinal para começar o levante e tomar o poder. Não estava claro qual dos centros começaria a movimentação armada. O presidente da República, o comandante da 1ª Região Militar, general Eurico G. Dutra, e vários líderes civis e militares despertaram com tiros e, em especial, com telefonemas, alertando que o conhecido 3º Regimento de Infantaria (RI) da Praia Vermelha, comandado por comunistas, havia se rebelado. Qualquer mapa atual pode mostrar que os rebeldes do quartel-general do 3º RI estavam encravados entre o morro e o mar, uma posição bem pouco cômoda e segura. Por isso, as forças lideradas por Dutra, que agiu com rapidez, cercaram e mantiveram o local sob forte fogo da metralha e da artilharia. Fazia parte do plano da insurreição a tomada da Escola de Aviação e do 1º Regimento da Aviação, mas uma guarnição comandada pelo tenente-coronel Eduardo Gomes conseguiu conter os rebeldes, que foram presos.[37]

Os levantes de Natal, Recife e Rio de Janeiro deixaram mais de 20 mortos e cerca de 160 feridos, entre legalistas e rebeldes.

Soldados do Exército Nacional não aderiram ao levante de orientação comunista. Ao contrário, estavam convencidos de que a luta armada com uma ideologia importada, isto é, marxismo da III Internacional, não dava conta da nossa singularidade. Combateram sob o comando do conservador general Dutra.

Vargas sentiu as limitações que o governo enfrentava para reprimir e julgar os envolvidos nos levantes, quer dizer, ele precisaria se submeter às leis da Constituição, ou seja, teria que "obedecer ao riscado" e ao sistema parlamentar liberal. Os tenentes, na sua maioria, como vimos, não tinham inclinações favoráveis à Constituição liberal. Vargas tinha a mesma posição: era incômodo submeter-se a uma Constituição que dava autonomia a deputados. No entanto, havia um inimigo comum que unia grande parte dos tenentes, o governo e a maioria dos deputados: o comunismo. Era um forte argumento que fazia os parlamentares renunciarem a suas prerrogativas ditas democráticas.

O governo, de posse de um aparato propagandístico, retocava o aparelho repressivo. O monopólio da violência precisava ficar em suas mãos. O governo de Getúlio Vargas recebeu apoio legal dos deputados ao aprovar a Lei de Segurança Nacional, acrescida de um apêndice equivalente ao estado de guerra. A repressão atingiu alguns parlamentares e pessoas que haviam participado da Revolução de 1930, como foi o caso do doutor Pedro Ernesto, médico da família do próprio presidente. Luís Carlos Prestes, sua companheira, Olga Benário, e todos (ou quase) os que participaram do planejado "levante revolucionário" foram presos. O chefe da polícia, capitão Filinto Müller, comandou feroz repressão com a ajuda de agentes da Gestapo, a polícia política alemã, e do FBI. Olga, como se sabe, foi deportada para seu país, a Alemanha, e morreu num campo de concentração nazista. A "República Socialista Soviética do Brasil", sonhada por Luís Carlos Prestes, não passou dos portões do 3º RI da Praia Vermelha. Prestes ficou preso até a anistia de 1945, como se verá no capítulo "A Guerra Mundial, os impasses do autoritarismo e o golpe de 1945". Pedro Ernesto, sempre negando o seu envolvimento no levante, foi absolvido por unanimidade, em setembro de 1937, o que foi comemorado com um verdadeiro Carnaval nas ruas do Rio de Janeiro.

Vargas conseguiu derrotar o que ele, as Forças Armadas e os conservadores achavam que era representado pelo comunismo internacional, principalmente por ter ficado patente a participação de quadros importantes da Internacional Comunista em pleno território brasileiro. Praticamente todos foram presos ou mortos pela violenta repressão. No entanto, a presidência sabia que sua estabilidade estava ameaçada por um perigo maior e mais factível do que o derrotado comunismo. O monopólio da força estava em perigo pelo despertar ou renascer de um regionalismo, aparentemente mais organizado e mais forte do que o seu antepassado que dominou a República Velha. São Paulo e, principalmente, o Rio Grande do Sul insistiam em atos para enfraquecer o governo central. Como veremos no capítulo "O Estado Novo: uma ditadura paradoxal", um verdadeiro Exército particular foi organizado por Flores da Cunha, governador do Rio Grande do Sul. São Paulo havia comprado de fornecedores europeus e estadunidenses armas que incluíam baterias antiaéreas, sabidamente de uso exclusivo das Forças Armadas. As reações do governo foram pontuais. O Exército, por exemplo, conseguiu "a requisição do material bélico adquirido recentemente pelo Estado de São Paulo [...]".[38] Como se não bastasse, o serviço de informação do governo federal identificou que Flores da Cunha dava cobertura a elementos ligados ao PCB que tinham conseguido fugir do cerco no Rio de Janeiro. Fosse isso verdadeiro ou não, só serviu para aumentar o clima já bastante tenso no país.

Ao mesmo tempo, preparavam-se as eleições para presidente previstas, segundo o calendário eleitoral, para ocorrer em 1938. Getúlio Vargas e as Forças Armadas não queriam continuar lutando em várias frentes simultaneamente.

O Estado Novo:
uma ditadura paradoxal

Oliveira Vianna apoiou o governo ditatorial,
mas insistiu o tempo todo que se tratava de uma democracia social.

(José Murilo de Carvalho, "A utopia de Oliveira Vianna")[1]

PREPARANDO O CAMINHO PARA UM ESTADO FORTE

Os levantes de novembro de 1935 foram dominados com relativa facilidade. A repressão foi rápida, violenta e eficaz. Era hora de o governo consolidar a base da política social e, ao mesmo tempo, continuar a luta contra o regionalismo e o comunismo. Os militares rebeldes foram presos em ato contínuo juntamente a muitos civis. Envolvidos ou não com a militância na ANL e com o Partido Comunista, intelectuais, educadores, trabalhadores de sindicatos independentes, enfim, todos que, de algum modo, eram identificados com a esquerda foram internados na ilha de Fernando de Noronha, nas prisões das grandes cidades ou nos navios-prisões, ancorados em certos pontos estratégicos do litoral.

Entre 1936 e 1937, o governo federal não conseguiu impedir as contínuas manifestações da oposição. Os problemas não vinham somente da ala dos opositores parlamentares ou sindicais. Políticos, até então próximos de Vargas, suspeitavam de que o presidente e os militares do alto escalão poderiam aproveitar a oportunidade para instalar uma ditadura. A luta pela indicação de um candidato à presidência na eleição programada para ocorrer em 1938 era o centro da instabilidade.

O Rio Grande do Sul, governado por Flores da Cunha, planejava um golpe de força contra o presidente. O plano de defesa de Getúlio era atacar antes que fosse atacado e, por isso, pretendia intervir no seu estado natal e substituir Flores por um nome de sua confiança. O presidente conseguiu convencer os deputados federais a renovarem o estado de guerra prorrogado pela Assembleia por mais 90 dias, limitando os direitos políticos. O general Góes Monteiro, na função de inspetor do 2º grupo de regiões militares, tinha poderes de municiar, planejar e conter as ameaças do estado gaúcho. Flores da Cunha, já antevendo o cerco a que estava sujeito, mantinha contatos secretos com São Paulo para formar uma nova frente contra o governo federal.

Góes, com anuência de Dutra, ministro da Guerra, fez um detalhado plano para desarmar o governo gaúcho e depor Flores. Os chefes militares tinham informações seguras de que o governador do Rio Grande do Sul estava formando grupos chamados *provisórios*, núcleos paramilitares armados pelo governo do estado, com a intenção clara de interferir no jogo da sucessão presidencial do país.

Não era somente do conflito província/governo federal que germinavam os elementos complicadores da política da época. Havia ainda os "sobreviventes" dos levantes revolucionários do novembro de 1935. Muitas pessoas foram atingidas pelos braços da repressão. Entre elas, parentes de personagens que estavam no governo. Notáveis e seus familiares chegaram a ser atingidos. Foi o caso de Eliezer Magalhães, irmão do governador da Bahia, Juracy Magalhães. Seu irmão mais velho havia abraçado a causa da esquerda, para falar o mínimo, e mostrava simpatia ao PCB. Tinha "se convertido" a ideologias "exóticas". Eliezer participou ativamente da ANL, embora, segundo o documento enviado por Juracy Magalhães ao presidente Vargas, não tivesse se envolvido ou sequer aprovado os planos dos levantes de novembro. O governador fez uma carta bastante emotiva, na esperança de libertar o irmão. "Afirmou-me ser [...] contra qualquer golpe violento [...] desacreditava nesses processos [...]. O Anísio Teixeira também assim pensava em seus livros fundamentais [...]."[2] O governador defende os baianos, colocando na mesma situação o educador Anísio Teixeira, de tendência liberal, e militantes ou simpatizantes do Partido Comunista. A intenção era suavizar a imagem do irmão e do educador. Um dos casos mais controvertidos foi o do médico e governador do Distrito Federal, doutor Pedro Ernesto, como vimos no capítulo "'Revoluções' para todos os gostos: conflitos premonitórios".

Outro personagem importante foi Herculino Cascardo, oficial da Marinha que lutou nas diversas fases do Tenentismo e, principalmente, na Revolução de 1930, investigado por ter sido presidente da ANL, embora condenasse a opção do levante armado dos comunistas. Detido depois da Intentona, ficou aprisionado em um navio junto a outros militantes. Insistiu, desde a prisão, na sua inocência. Escreveu cartas a Vargas e para Augusto do Amaral Peixoto, alto oficial da Marinha e amigo de Herculino. As cartas dirigidas a Getúlio tinham um sentido mais analítico, filosófico ou mesmo melancólico. Era uma manifestação de carinho pela velha amizade e uma confissão de desesperança com os rumos da Revolução de 1930, que, segundo ele, tinham se desviado dos princípios originais.

Com a esquerda controlada, o foco das tensões era o Rio Grande do Sul e São Paulo, e seus projetos para tirar Getúlio Vargas do poder. Como vimos, os paulistas despertaram suspeita quando compraram armas e munições no exterior. O ministro da Guerra, general Dutra, emitiu ordem para que todo esse material bélico fosse confiscado e depositado no Rio de Janeiro. O governo paulista tentou impedir o embarque das armas, o que foi inútil, pois a Lei de Segurança Nacional se sobrepunha aos artigos da Constituição que dava suporte legal aos estados. A autonomia dos estados, garantida pela Constituição, era quase tão "perigosa" quanto o comunismo. Assim, a repressão desencadeada entre fins de 1935 e 1937 controlou o comunismo, da mesma forma que procurou manter uma rigorosa vigilância sobre os estados, em especial, os que manifestavam o desejo de autonomia.

Não era gratuita, portanto, a fala que o ministro da Guerra proferiu, no dia 7 de maio de 1937, analisando minuciosamente, aliás, como era do seu feitio, a situação tensa em que se encontrava o país. Era uma quase resposta ao governador rio-grandense, Flores da Cunha, que havia negado as acusações de se armar para combater as forças federais. Dutra registrou, no Boletim de Informações n. 1, as atividades subversivas do governador do Rio Grande do Sul, quando este atacou abertamente o presidente Getúlio Vargas com o claro objetivo de desvirtuar o processo da sucessão presidencial. Flores não apoiava a reedição do estado de guerra de fins de 1935. "*É de notar-se o animu beli* com que recebeu o Governador a notícia da nova investidura [do] General Comandante da 3ª R.M."[3] Dutra demonstrou habilidade ao analisar o fator cultural na política rio-grandense. "Ninguém desconhece os sentimentos regionalistas do povo rio-grandense e quão sensíveis são seus melindres, no que diz respeito à autonomia de seu estado."[4] E, segundo Dutra, o governador Flores da Cunha sabia explorar esse ponto para fortalecer sua posição, com apoio de astuta propaganda, com fins de antagonizar o governo federal. De maneira paradoxal, as orientações para o "cerco" ao regionalismo gaúcho vinham de Vargas, sabidamente defensor do seu estado de origem. No entanto, o presidente gaúcho era, antes de tudo, um nacionalista e defendia a centralização do poder como caminho para a modernização do Brasil.

Num instigante artigo, Pedro Cezar Dutra Fonseca nos dá fortes argumentos para pensar esse aparente paradoxo de Vargas. Em primeiro lugar, é lembrado o caráter "marcadamente nacional" da Revolução de 1930 que abrangeu todo o território brasileiro. Não se pode esquecer que o apoio do Exército acentuou o caráter nacional do movimento. Os avanços da economia do país, especialmente em São Paulo, reforçam o argumento do artigo. O crescimento industrial de 11,2% e a diversificação da agricultura, diminuindo o peso do café em nossa balança comercial, foram notáveis a partir de 1933. O Brasil estava saindo da crise. Contudo, o ponto central do argumento é o papel que coube ao Rio Grande do Sul como dirigente da Revolução de 1930. O estado era tido como atrasado e liderado por uma oligarquia igualmente atrasada, mas paradoxalmente foi o centro irradiador da modernização do país. Não se deve subestimar a liderança política gaúcha da época. Vargas era um homem culto e letrado, assim como seu grupo, a chamada geração de 1907, que fez a Revolução de 1930.[5]

CONTROLAR O PROVINCIALISMO: TODO PODER AO ESTADO

O caminho para se chegar a um Estado ideal, segundo Vargas e os militares, tinha que passar pela modernização do país, ancorada nas Forças Armadas renascidas como instituição, capaz de enfrentar as ameaças de um mundo em desestruturação na conturbada década de 1930. Um fator importante na equação governo-Forças

Armadas era a atuação do governo na expansão de uma infraestrutura na indústria militar. Em 1934, num discurso na Vila Militar, Vargas enfatizou como a fabricação nacional de projéteis, cartuchos para a artilharia, viaturas, canos de armas e outros instrumentos militares, produzidos em diferentes estados, representava mais um passo para a indústria militar modernizar as Forças Armadas.[6]

Uma das marcas deixadas pelo governo foi a Aviação Naval Brasileira — a Força Aérea Brasileira (FAB) ainda estava por nascer —, que contava com mais de 40 aviões Fw 44J, os lendários *Focke-Wulf*. Cerca de 20 desses aviões de origem alemã, chamados aqui de Pintassilgo, foram fabricados, sob licença, nas Oficinas Gerais de Aviação Naval, no Rio de Janeiro.

A conjuntura mundial expunha as mazelas da democracia liberal. A Alemanha experimentava o violento "modernismo reacionário"[7] pelas mãos dos nazistas. Na Itália, consolidava-se o fascismo com o Estado forte de Mussolini. Até mesmo os Estados Unidos, modelo de democracia liberal, caminhavam para uma centralização do poder com Franklin Roosevelt.[8] Tudo isso exigia do Brasil rápidas soluções para os perigos que se anunciavam. Numa palavra, o liberalismo e a democracia estavam sendo postos em questão por um crescente nacionalismo. Teríamos que passar por um caminho difícil e incerto. Um dos obstáculos a ser superado, como salientado por Vargas e observado pelo general Dutra, era o regionalismo. O outro era a inusitada e impensável fusão deste com o comunismo. Esse foi o sentido da denúncia do serviço de informação da 3ª Região Militar, que identificou o ex-capitão André Trifino Correia como um frequentador clandestino da sede do governo gaúcho, onde tinha longas conversavas com Flores da Cunha. Trifino havia sido condenado logo depois dos levantes de novembro de 1935, mas conseguiu fugir e homiziar-se no Rio Grande do Sul sob a proteção de Flores. Todos sabiam que Flores da Cunha não era simpatizante do comunismo e muito menos comunista, mas se aliava a quem quer que fosse para afastar Vargas da presidência. E isso estava custando caro ao Brasil e, em especial, ao Exército que tinha a pretensão de garantir o processo democrático e constitucional. Era só pretensão?

Se ainda em 2025 temos encontrado grandes dificuldades para acompanhar as *démarches* da política brasileira, na década de 1930 não parece ter sido diferente. Os documentos do general Eurico G. Dutra são fontes indispensáveis para o estudo do período. O governador do Rio Grande do Sul, por exemplo, tentava, em longo telegrama, justificar ao ministro da Guerra por que não tinha condições de devolver as armas cedidas pela União aos gaúchos. Cada sinal de fraqueza do governador gaúcho era rapidamente aproveitado por Dutra, Góes e, naturalmente, Vargas. No entanto, Dutra afirmava que o Exército não iria se intrometer na política, mas continuava atento e vigilante, como demonstrou numa circular às regiões militares em 31 de julho de 1937, cerca de 3 meses antes do golpe do Estado Novo, que, aliás, estava sendo meticulosamente preparado. Dutra não deixava evidente, de modo proposital, a ideia de uma solução autoritária para o país. Fica claro, entretanto, que a vida parlamentar e/ou liberal não era ainda entendida como uma solução para o caso brasileiro.

O Sul continuou, por mais um tempo, convulsionado. São Paulo dava mostras de apoiar as propostas vindas de Porto Alegre. Do Ministério da Guerra vinham ordens aos quartéis para manter estado de alerta. Os políticos, em especial os candidatos à presidência, continuavam ativos. José Américo de Almeida, político e escritor do Nordeste, partícipe da Revolução de 1930, visitou por 3 vezes o ministro Dutra. O candidato insistia com o ministro da Guerra que ouvira boatos sobre a posição do general Góes Monteiro favorável a um governo militar forte. Dutra ouviu pacientemente o político, sem se pronunciar, e José Américo continuou fazendo declarações públicas, denunciando o clima perturbador da política. Os rumores da continuidade de Vargas na presidência eram constantes e simultâneos à redação da reforma da Constituição, feita por Francisco Campos; era, na verdade, uma nova Carta.

No dia 18 de setembro, Vargas e Dutra tiveram uma conversa bem franca. Vargas foi direto ao ponto. Propôs fazer uma revolução de cima para baixo.[9] Ou seja, o que Vargas sugeria é que quem deveria promover as transformações modernizantes no Brasil seria uma elite ilustrada, militar e civil. E a transformação só viria com a ditadura. Um paradoxo?

Dutra não vacilou quando Vargas perguntou-lhe se ele apoiaria a empreitada. "Respondi-lhe que comigo podia contar, mas pelo Exército nada podia assegurar."[10]

O clima de tensão se acentuou mais ainda por ocasião da cerimônia em memória aos soldados mortos na Intentona. Os oficiais fizeram declarações pedindo penas mais rigorosas (alguns pediam a pena capital) para os responsáveis pelo levante, o que provocou reação da ala mais à esquerda na Câmara dos Deputados.

Getúlio continuava em desentendimento com o governador gaúcho. Flores açulava o poder central organizando os "provisórios" e construindo alianças com os opositores de Vargas em diversos estados, ao mesmo tempo que interferia na bancada federal dos deputados. No Sul, os sinais de instabilidade persistiam.

A sensação de insegurança se espraiou em setembro de 1937, quando foi divulgado o conhecido Plano Cohen, documento apócrifo que continha estratégias comunistas para tomar o poder. Segundo os dicionários, *apócrifo* significa *de origem desconhecida*, o que inicialmente parecia ser o caso, mas, pouco depois, sua autoria foi revelada. O autor era o então coronel integralista Olímpio Mourão Filho, que, quase 30 anos depois, já general, foi um dos personagens-chave do golpe de 1964. Mas o documento surtiu o efeito esperado, isto é, "apavorar a nação e arrancar do Executivo e do Legislativo o Estado de Guerra [...]".[11] Trechos do documento foram transmitidos pelo rádio ao país.

Para Getúlio, o falso plano alimentou ainda mais a ideia de um governo forte para acabar com a insegurança nacional. Se já tinha a anuência de setores das "classes armadas", conseguiu também o apoio de parte significativa da classe política. O apelo era irrecusável: evitar outra "Intentona Comunista" e dominar ameaças do regionalismo. E tinha apoio dos integralistas de Plínio Salgado. Só faltava superar o persistente regionalismo gaúcho.

O ministro da Guerra enviou uma "exposição de motivos" para o presidente, pedindo autorização a deputados e senadores para decretar o estado de guerra, o que foi aprovado com folgada maioria pela Câmara de Deputados e pelo Senado. A substituição de Macedo Soares, ministro da Justiça, que fazia oposição ao Ministério do Trabalho, por Francisco Campos, autor da nova Carta a ser em breve anunciada, tornou mais fácil o caminho para a ditadura.

Persistentes rumores de levantes só aumentavam a tensão. A concentração de tropas na fronteira entre São Paulo e Paraná impedia qualquer junção de forças militares paulistas e gaúchas. O caso do Rio Grande do Sul foi solucionado quando Flores da Cunha perdeu apoio da Força Pública (Brigada Militar), e os "provisórios" foram isolados e dissolvidos. Ao governador só restou uma saída: a renúncia, além do asilo político no Uruguai. Com sinais evidentes da eminência de um golpe de Estado, Armando de Salles Oliveira, candidato oficial de São Paulo à presidência da República, cuja eleição estava programada para o dia 3 de janeiro, lançou um manifesto aos militares clamando por uma intervenção para salvar a democracia. O apelo não surtiu efeito. Vargas anotou em seu diário, ainda em outubro, que "a resistência caudilhesca, desagregadora, regionalista contra a tendência centralizadora e coercitiva do poder central [...]"[12] havia sido controlada.

O movimento revolucionário de 1930 foi concluído a 10 de novembro de 1937, quando o presidente anunciou pelo rádio o fim da democracia liberal e o nascimento do Estado "democrático autoritário", um paradoxo a ser destrinchado por intelectuais como Oliveira Vianna, o próprio Francisco Campos, Azevedo Amaral, Almir de Andrade, entre outros.

DESTRINCHANDO O PARADOXO

A instauração do Estado Novo foi um dos sinais mais profundos da crise ou do drama do Estado brasileiro, como lembrou Oliveiros S. Ferreira.[13] A obra arquitetada pelo grupo que fez a Revolução de 1930 procurava dar ossatura a uma "sociedade invertebrada", ameaçada pelo comunismo, pelo caudilhismo e pelo provincialismo, tornando o Brasil mais predisposto a forças modernizadoras. Com Vargas, "o país experimentou políticas públicas que o tornaram mais moderno economicamente e menos excludente, mas não menos desigual".[14]

A modernização conservadora estava sendo montada para assegurar um Estado aparelhado por uma elite ilustrada de intelectuais, militares e políticos. Seguíamos, assim, a maré de um período antiliberal da década de 1930, quando programas democráticos eram suplantados pelo autoritarismo, "encontrando ampla recepção tanto junto às elites como nas camadas populares da população".[15] Isso só foi possível com a difusão de novos chamamentos, entendidos tanto pela oligarquia mais moderna como pelas camadas mais pobres, fortalecendo, assim, a ideia de uma paradoxal democracia autoritária. É curioso notar que um estrangeiro tenha conseguido sintetizar esse complexo período histórico brasileiro. Trata-se do milionário e filantropo norte-americano Nelson Rockefeller, que, numa das várias vezes em que visitou o Brasil, definiu o período de Vargas como uma "enlightened dictatorship".[16]

Em outras palavras, tratava-se de encontrar uma solução brasileira para um problema brasileiro, questão que vinha sendo considerada por intelectuais civis e militares. Havia uma cautela quanto ao modelo que estava sendo construído para que não se assemelhasse, por exemplo, a Estados totalitários europeus.

Não era, como sabemos, a primeira vez que as Forças Armadas interferiam na vida política da nação. É só lembrar que a República nasceu de um golpe militar em 1889. A Revolução de 1930 talvez não tivesse saído vitoriosa sem a participação e a adesão ativas de militares. O Estado Novo de 1937 foi uma ditadura civil, instaurada com apoio e articulação de generais com habilidade política e estratégica, até hoje objeto de constantes estudos e pesquisas. Entretanto, os generais que participaram do golpe de 1937 preferiram guardar-se na retaguarda, mantendo a aparência de distanciamento. O Congresso, por exemplo, não foi fechado por tropas do Exército, mas por soldados da polícia.

Segundo a Constituição, a ditadura foi instaurada para controlar o "[...] estado de aprehensão creado no paiz pela infiltração communista, [...]". A situação pedia remédios fortes de "[...] caracter radical e permanente [...];"[17] dissipando, assim, a infiltração (ou inoculação, depende do gosto) de ideologias exóticas. Ao mesmo tempo, era preciso controlar os perigos do regionalismo, suprimindo definitivamente os restos da República Velha. A Carta de 37 desvelava os únicos meios de fazer valer os propósitos modernizantes da Revolução de 1930. "Tudo pela defesa da paz, da segurança e do bem-estar do povo."[18]

O novo modelo de Estado se deu graças ao apoio das Forças Armadas e da opinião pública. "A lição era clara: sem o apoio do Exército, não haveria Estado Novo; este se efetivou, mas o Exército continuou em posição subalterna devendo contentar-se com a criação da Usina de Volta Redonda [...]"[19], por enquanto. As relações com as Forças Armadas foram, ainda naqueles tempos, marcadas por laços relativamente frouxos. Em compensação, os laços com o trabalhador e o "povo" deveriam ser de cordame de boa qualidade e que permitisse atá-los da maneira mais forte possível. Era o que sugeria o primeiro artigo da carta: "Art. 1º *O Brasil é uma república. O poder político emana do povo e é exercido em nome* delle e no interesse do seu bem-estar, da sua honra, da sua independência e da sua prosperidade."[20] Notar o alinhamento indispensável para uma sociedade equilibrada: bem-estar — honra — independência — prosperidade. O segundo artigo da Constituição cuidou de certificar-se de que os símbolos nacionais — antigos ou recém-criados — seriam cultuados com o apoio de azeitada máquina de propaganda e divulgação. Assim, os brasileiros deveriam honrar a bandeira nacional e somente ela. As bandeiras dos estados brasileiros cederiam o lugar para uma única bandeira, a nacional. Era a desejada superação do regional pelo nacional. Pelo menos, no plano dos desejos.

Meninas colegiais queimaram bandeiras dos estados. Simbolicamente, a única bandeira que deveria prevalecer era a nacional. A brasileira acima de todas.

CULTURA E ESTADO

A partir da Constituição de 1937, as relações entre o governo central e as camadas populares foram intermediadas, por assim dizer, por ferramentas para difundir imagens favoráveis à ideia de um Estado benfeitor com o objetivo de legitimar-se. No entanto, o Estado não ficaria com o monopólio da palavra, *"à revelia da classe trabalhadora"*.[21] Ao contrário, o sentido era "romper com a ideia de um Estado todo-poderoso que atua sobre uma *tabula rasa* [...]".[22] Por isso, é bom refletir com mais cuidado sobre a relação entre as elites dominantes e os setores populares dominados. Já em 2025, alguns historiadores concordam que as classes populares não aceitam simplesmente a "imposição" de uma cultura dita superior. O que ocorre é que "as camadas populares se apropriam das mensagens dominantes, dando-lhes diferentes significados".[23] E não se trata tão somente da nova historiografia. O folclorista brasileiro Luís da Câmara Cascudo dizia, em meados do século XX, que um povo só incorpora os valores culturais de outro se fizer sentido no conjunto de sua cultura. Ou seja, a aculturação "não é reprodução, nem repetição".[24]

Já em 1934, o governo havia criado o Departamento de Propaganda e Difusão Cultural (DPDC) para divulgar suas obras, funcionando como um mecanismo de legitimação e cooptação das camadas populares e de outros setores da sociedade brasileira. Com o Estado Novo, o DPDC foi transformado no Departamento Nacional de Propaganda (DNP). Em 27 de dezembro de 1939, o Departamento de Imprensa e Propaganda (DIP) substituiu o DNP. A nova agência governamental ficou sob a direção do jornalista sergipano Lourival Fontes, que já havia dirigido as instituições anteriores. Dono de vasta cultura e simpatizante do fascismo, foi escolhido por Vargas mais pelas qualidades intelectuais do que pela ideologia, aliás negada mais tarde. O Departamento de Imprensa e Propaganda foi, talvez, um dos mais sofisticados mecanismos ideológicos do Estado Novo, que tinha por fim "centralizar, coordenar, orientar e superintender a propaganda nacional interna ou externa [...]".[25] Ao departamento cabia também "fazer a censura do teatro, do cinema, de funções recreativas e esportivas [...], da radiodifusão e da imprensa [...]".[26] Essa complexa organização contava com o apoio de várias divisões que atuavam de forma articulada: radiodifusão, cinema e teatro, turismo e imprensa, além do setor administrativo. Havia censura e, ao mesmo tempo, muito estímulo para a produção de filmes e obras nacionais que concorriam a premiações. Promoviam-se concertos de compositores brasileiros e estrangeiros, mostras de artes, incentivo à literatura, que dialogava com as questões políticas e culturais brasileiras e estrangeiras. Esse foi o caso da revista *Cultura Política*, uma destacada publicação de teorias analíticas do Estado Novo e de sistemas políticos de outros países.

A radiodifusão foi uma área que o DIP tratou com bastante esmero. Os programas de rádio eram de grande audiência, particularmente quando se tratava da música popular. Num texto de autoria de Aristeu Achilles, publicado pelo próprio DIP, lemos que: "Em 1940, foram submetidos à censura prévia da Divisão de Rádio 3.770 programas, 1.615 *sketches*, 483 peças e 2.416 gravações, existindo no país 78 emissoras de rádio."[27] As quase 80 estações de rádio divulgavam, assim, mensagens políticas e culturais do governo, transmitidas para um país de analfabetos. O documento continua esclarecendo que os cariocas ouviram: "[...] 202 programas infantis; 958 religiosos; [...] 289 assuntos de interesse nacional; [...]; 181.807 de música estrangeira; [...] 224.380 da música popular nacional, [...]".[28]

Por *música popular* entenda-se a produção de uma ampla variedade de gêneros: samba, sambas de roda, chorinho, samba-canção, marchinhas, baião, maxixe, frevo, além de várias formas de músicas ditas folclóricas, regionais ou caipiras. O que importa aqui é destacar a aceitação da música popular. Aproximadamente 225 mil pessoas sintonizaram o rádio para ouvir música brasileira, isso sem levar em conta os que compraram discos e ouviram em suas "victrolas". Enfim, são dados relevantes para a compreensão dos mecanismos de legitimação da ditadura. Não só o discurso oficial veiculava mensagens ideológicas, mas também manifestações culturais, como a canção popular.

A importância de modernos meios de comunicação se acentuou quando a Divisão de Radiodifusão do DIP criou a compulsória *Hora do Brasil*: todas as estações deveriam entrar em rede e transmitir "[...] informação oficial, uma prestação de contas do governo ao povo [...]" para todo o país. Os informes sobre os feitos do governo tinham uma narrativa simples, popularizando informações, muitas vezes, de caráter burocrático, de difícil compreensão. Eram relatórios de "[...] atos e iniciativas da autoridade [...]" que, de forma sutil, convertiam-se em elogios e aprovação do governo. Mas, ao mesmo tempo, transmitiam programas para "desenvolver e incentivar o gosto da boa música e da boa literatura [...]".[29] A *Hora do Brasil* (ou *Voz do Brasil*, para ficar em sintonia com os Estados Unidos e a cadeia radiofônica *Voice of America*) era irradiada entre 19 e 20 horas, momento em que, presumidamente, todos se encontravam em suas casas. Não raro, o país ouvia, na última meia hora do programa oficial, sucessos da música popular brasileira.

O DIP promovia concursos para apurar as melhores canções escolhidas pelo gosto popular, organizando shows, como o Dia da Música Popular Brasileira, realizado no mês de janeiro. Compositores e artistas famosos participavam dos concursos: Heitor dos Prazeres, Donga, Carmen Miranda, Francisco Alves, entre outros.[30]

Não só a cultura popular, mas também, em especial, a música popular contribuíram decisivamente para o clima de adesão às propostas da Revolução. O compositor era, dessa forma, cooptado e acabava favorecendo a legitimação do Estado nas camadas populares urbanas. As letras das canções, muitas vezes, difundiam o ideário do trabalhismo do novo regime. O falecido pesquisador José Ramos Tinhorão afirmou que o samba "O bonde São Januário" era um bom exemplo da relação trabalho e política. De autoria de Ataulfo Alves e Wilson Batista, para o Carnaval de 1941, a canção foi gravada pelo cantor Ciro Monteiro e transmitia a mensagem de que: "Quem trabalha é quem tem razão/ Eu digo e não tenho medo de errar/O bonde de São Januário/Leva mais um operário [...]". Tinhorão afirmava que o DIP recomendava o tema trabalho nas músicas.[31] Recomendava, mas também censurava, ou, pelo menos, dificultava a divulgação de canções que enaltecessem a malandragem, tema caro à cultura brasileira, em especial à carioca. Daí a valorização ao trabalho pensado pelo regime, como única via de produzir riqueza social e evitar a pobreza.[32]

O controle e a cooptação feitos pelo DIP eram mais efetivos com a promoção de concursos e espetáculos de desfile das escolas de samba que passaram a se apresentar nas ruas da cidade. A urbanização com novos projetos de habitação popular eram experimentos para diminuir a procura do morro como alternativa para a moradia. Da música popular aos projetos de urbanização, tudo fazia parte da construção do novo Brasil. Assim, a festa só era possível graças ao trabalho. A lista de canções com esse tema é longa.

Quando o governo firmou a aliança com os Estados Unidos e, em decorrência, declarou guerra aos países do Eixo, ficou evidente que, oficialmente, o Brasil não poderia mais conviver com a ociosidade. O esforço para o conflito mais sangrento da história humana contava com a união de todos, exigia o *esforço de guerra*, o que representava trabalho e sacrifício da maioria dos brasileiros. No discurso do Dia de Trabalho de 1943, o presidente fez um forte e emotivo apelo, considerando a ociosidade um crime contra o país. O Brasil estava fornecendo aos Estados Unidos uma variedade de materiais indispensáveis à montagem da poderosa máquina de guerra americana. E muito desses materiais precisavam ser manipulados.

Nosso país passou, como se verá no capítulo "A Guerra Mundial, os impasses do autoritarismo e o golpe de 1945", a ser peça importante nos planos do Estado Maior das Forças Armadas estadunidenses, tanto pela posição estratégica como pela sua riqueza mineral e agrícola, contribuindo no esforço de guerra americano na luta contra o Japão, a Itália e a Alemanha. O que chama a atenção é que a música popular da época captou o espírito (ou esforço) de produção exigido pelo conflito: em fins de 1942, podia-se ouvir o samba "Brasil, usina do mundo", de autoria de João de Barro e Alcyr Pires Vermelho:

> (...) Brasil, usina do mundo, nova oficina de deus.
> (...) As tochas lançaram fagulhas vermelhas ao léu.
> (...) Homens de mãos calejadas trabalham cantando.
> *É a voz do Brasil, que trabalha cantando feliz.*[33]

O sonho dos militares, e de Vargas, sempre foi o de construir no Brasil uma siderúrgica para acabar com a dependência estrangeira. Na época dessa canção, o governo brasileiro já estava negociando a construção de uma grande usina em Volta Redonda, no estado do Rio de Janeiro. Há que se considerar também que já havia se efetivado o estado de beligerância com o Eixo, daí o chamamento para o esforço de guerra; as forjas mencionadas na canção produziram matéria-prima para a fabricação de armas e ferramentas. O ministro general Eurico Gaspar Dutra, em pronunciamento feito depois da declaração de guerra, acentuou esse clima expresso pelos compositores de "Brasil, usina do mundo": "[...] Nesta hora grave de nossa nacionalidade, o Exército confunde-se com o povo, ambos partilhando as mesmas emoções, ambos arrebatados na [...] vibração de patriotismo [...]."[34]

A letra do samba transformou o Brasil agrícola em potência industrial, anunciando "o raiar de uma nova alvorada". Este ânimo produtivista se revela de maneira mais coletiva e abrangente no final do texto da música, quando transfere para o conceito de nação o sentido de voz, de canto de alegria generalizada ao conjunto da sociedade, cumprindo, em última instância, os desígnios da "Batalha da Produção", como sugeriu, subliminarmente, Getúlio Vargas: "É a voz do Brasil/ que trabalha cantando feliz". Trabalhismo e esforço de guerra, dados de um binômio indispensável ao avanço do progresso.

EXPLICAR O ESTADO NOVO

Parte das considerações feitas a seguir devo aos trabalhos de Ângela Maria Castro Gomes, uma das mais destacadas especialistas no tema, para quem a Revolução de 1930 e seu corolário, o Estado Novo de 1937, diferenciaram-se de outras revoluções consideradas clássicas pela literatura mais tradicional. A fase inicial do movimento de 1930 derrubou as antigas estruturas. No entanto, procurou restaurar a ordem, ou uma nova ordem, por assim dizer. O sentido abrangente de revolução só se consubstanciou com o estabelecimento do Estado Novo em novembro de 1937. A palavra restauração não significava volta ao passado. Com os intérpretes do Estado Novo, por meio, por exemplo, da *Cultura Política*, a revista oficiosa, aprendemos que restauração tinha o sentido de um novo começo. Os valores europeizantes da democracia liberal do antigo regime (República Velha) eram separados, cuidadosamente, do conceito de democracia social do novo regime (Estado Novo).

O período da República Velha (1889-1930) foi marcado pelo liberalismo dito democrático da oligarquia cafeeira. Na interpretação vinda do novo regime, somente com o estabelecimento do Estado Novo (Estado Nacional) em novembro de 1937 é que se consolidou a verdadeira democracia social brasileira. A linha cronológica dessa interpretação pode ser escrita entre 1930 e 1945. Houve uma ruptura no chamado período constitucional de 1934 a 1937, quando

LEIA MAIS

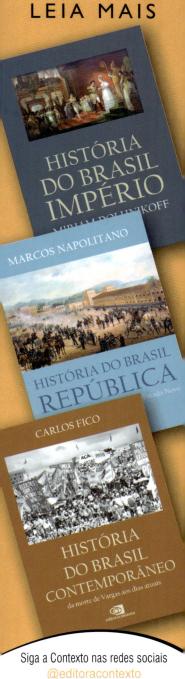

Siga a Contexto nas redes sociais
@editoracontexto

Assine a nossa newsletter

a revolução foi posta em questão pelo "renascimento" (momentâneo) da República liberal, com a instauração de uma Constituinte.

Entender, bem como esclarecer o Estado Novo, tal como a Revolução de 1930, é objeto de polêmica entre historiadores, sociólogos e outros estudiosos do período. A controvérsia continua sujeita sempre a novos estudos e novas interpretações. Há, talvez, uma concordância: tratou-se de um projeto para superar o poder dos estados, impondo a supremacia da união sobre a federação e, era, sem dúvida, um projeto que esperava abrir caminho para a modernização do Brasil. O governo promoveu a tenaz luta contra o privatismo regional, prevendo ter, como contrapeso, a maior participação da sociedade que estava sendo organizada em corporações.

O Estado Novo tem sido rotulado pela academia, em especial a paulista, como um Estado fascista. Trata-se de uma interpretação equivocada. O ideólogo desse "Estado fascista" teria sido, entre outros, Oliveira Vianna. No entanto, há quem não aceite essa formulação simplista. Pesquisadores e professores do Rio de Janeiro, alguns deles já mencionados, preferiram não se valer de modelos alheios à nossa singularidade para pensar o Estado Novo.

A ditadura do Estado Novo tinha por objetivo começar uma nova experiência em nossa história, procurando "mecanismos para a obtenção do consentimento dos mais amplos setores sociais".[35] Note-se que se trata de "amplos setores sociais". Sem dúvida, o conhecido bordão "trabalhadores do Brasil" tinha por objetivo atingir (e cooptar) as classes populares urbanas em particular. No entanto, a propaganda do Estado Novo, aperfeiçoada pelo DIP, juntamente ao aparato repressivo, não pode ser fetichizada a ponto de igualar o período compreendido entre 1937 e 1945 à ditadura nazista ou fascista italiana ou, mesmo, de forma mais grosseira, à ditadura stalinista.

E por que a insistência? Responsabilizar Oliveira Vianna como um dos autores do "nosso fascismo" não tem bases sustentáveis. No artigo intitulado "A práxis corporativa de Oliveira Vianna",[36] o leitor entende por que o epíteto de fascista ao Estado Novo e, principalmente, a Oliveira Vianna é uma vulgarização que não contribui para a compreensão da nossa história; ao contrário, só a obnubila. O corporativismo pensado por Vianna serviu como uma das mais importantes estruturas da ditadura de Vargas. O sindicalismo corporativista, adotado pelo Ministério do Trabalho, Indústria e Comércio, nasceu do pensamento de Vianna, mas possui pouca similitude com o modelo italiano fascista. Tem, isso sim, inspiração no *New Deal* do presidente americano Franklin Roosevelt, o que reforçava sua relação com a nova escola da sociologia americana.[37] Importante notar que a palavra usada foi *inspiração*, e não *imitação*, isto é, não era simples "cópia" do modelo americano (e muito menos do italiano). Lembremos que o *New Deal* foi a tentativa de construção de um novo Estados Unidos, livre dos plutocratas, segundo o discurso de posse de Roosevelt. Vianna propunha para o Brasil uma forma de homenagem ao *New Deal*, e não ao tradicional modelo liberal estadunidense. E sabemos que a "utopia" rooseveltiana mostrava sinais de degastes já em 1937 e perdeu força durante a Segunda Guerra, abrindo espaço para gigantescas empresas.[38]

É preciso registrar também que o corporativismo é herdeiro do positivismo comtiano, relido pelo castilhismo-borgismo do Rio Grande do Sul. Os sindicatos de trabalhadores e de patrões são, ainda hoje, devedores do sistema implantado nos finais do século XIX no estado gaúcho. O Estado Novo emprestou alguns elementos oriundos de Júlio de Castilhos e Borges de Medeiros. No entanto, as semelhanças não eram tantas. Júlio de Castilhos e Medeiros governaram apoiados em um partido (Partido Republicano Rio-Grandense) e o Estado Novo dispensou o apoio de agremiações políticas. O Estado Novo era centralista e contra a federação, o que não ocorria com o positivismo do Sul. Mas vale destacar as semelhanças mais progressistas e modernas, como a ênfase na educação de crianças e jovens, com a criação e a construção de escolas, além de obras de saneamento, para ficarmos com poucos exemplos. O Estado Novo era o Estado forte que esperava suplantar e substituir o liberalismo em crise no mundo todo: "[...] o que caracteriza o fim dos anos 1930 e os anos 1940, na Europa e nos Estados Unidos (para não mencionar a União Soviética) é exatamente o progressivo abandono da crença no liberalismo econômico como solução para os problemas sociais".[39]

Sabemos que Vargas tinha origens na elite dos estancieiros sulistas, mas entender o Estado Novo com base unicamente na premissa da origem de classe, e acrescida do adjetivo fascista, não é o caminho mais indicado para a compreensão do complexo e fértil período da história brasileira. Houve — quer queira, quer não — uma política que transformava a "questão social", tida como um caso de polícia, em um problema a ser resolvido pela legislação trabalhista, aperfeiçoada desde março de 1931. O grande óbice foi a resistência, às vezes velada, às vezes mais ruidosa, do empresariado brasileiro às leis que regulamentavam as relações no mundo do trabalho.

Uma passagem registrada no livro de memórias de Alzira Vargas, filha e secretária do presidente, exemplifica as relações entre o operariado e os empregadores. Numa reunião com empresários, na residência de um deles, Guilherme Guinle, Vargas ouviu muitas críticas e reclamações contra as leis trabalhistas que, segundo eles, só criavam entraves às atividades empresariais. Ao fim da reunião, o presidente entrou num veículo em que seu ajudante de ordens, Ernâni do Amaral Peixoto, o esperava. "Já no automóvel [...] fechou os olhos como se estivesse dormindo [...]. Súbito [...] sibilou 'Burgueses burros! Estou tentando salvá-los e eles não entenderam.'"[40] Claro que a citação do episódio não pretende explicar sociologicamente o período do governo Vargas, mas auxilia a entender o projeto dos que pensaram a Revolução de 1930. Em tempo, a reunião aconteceu pouco antes da chamada Intentona Comunista de novembro de 1935.

EMPRESARIADO, OPERARIADO, CONGRAÇAMENTO

O Estado Novo foi, como já lembrado, o corolário da Revolução de 1930. Não podem ser interpretados separadamente, pois o primeiro complementou o projeto do segundo, "entendido como transformador da fisionomia econômica e sociopolítica da nação".[41] O Ministério do Trabalho, Indústria e Comércio, criado em novembro de 1930, iniciou uma nova relação entre trabalhadores e empregadores. No início de 1931, um decreto formatou as primeiras ações para dirigir os atores no novo cenário, para usar uma metáfora do mundo do teatro. Assim, os protagonistas ficaram muito mais próximos do diretor (e do ponto) e deveriam seguir o *script* predeterminado. Mas essa metáfora não é suficiente para entender talvez o mais importante momento da história recente do Brasil, pois explicar a relação entre empresários, trabalhadores e Estado Novo é tarefa complexa e, ao mesmo tempo, cativante. Economistas, por exemplo, têm diferentes pontos de vista sobre a questão. Uma boa contribuição vem dos que dialogam com a história do período. Havia uma concordância entre os que pensaram a reformulação da política social: era uma necessidade inadiável. Esclarecendo, a nova orientação do "diretor" atingia a regulamentação dos horários de trabalho, as férias dos empregados, o trabalho feminino, o trabalho de menores de idade, o sistema de aposentadoria etc. Delineava-se a nova relação entre o operariado e o patronato por intermédio do Ministério recém-criado e aperfeiçoado no Estado Novo. No entanto, essa relação não se deu sem conflitos. O mais complexo foi entre os setores dos trabalhadores já organizados antes da criação do Ministério do Trabalho e do sindicalismo oficial. A equipe do Ministério contava com a participação de nomes como os de Oliveira Vianna e de outros elementos de diversas origens político-ideológicas, inclusive herdeiros do sindicalismo anarquista. Por isso mesmo, o projeto do

Ministério caminhou de forma bastante satisfatória e positiva. O sindicalismo livre era permitido, mas o sindicalizado não tinha direito às leis de garantia do trabalho. Muitas penalidades foram impostas tanto sobre os empregadores como aos empregados. O empresário que não cumprisse a exigência de manter as condições de salubridade e segurança no ambiente de trabalho era autuado e multado. Em muitos casos, houve reação violenta contra os representantes do Ministério, mas aos poucos os patrões aceitaram a legislação. Já os trabalhadores tinham que ser convencidos por pedagogia bem dosada das conveniências de serem sindicalizados.[42] Essa narrativa pode sugerir que a relação Estado-associações de empregados era pacífica e consensual. Mas, em várias ocasiões, a polícia era acionada para interferir nos sindicatos mais recalcitrantes. A violência contra os sindicatos foi mais acentuada depois dos levantes de 1935, principalmente com o rescaldo da repressão ao 3º Regimento de Infantaria do Rio de Janeiro que resultou na escolha de Agamenon Magalhães, advogado e hábil político conservador pernambucano, para o Ministério do Trabalho.[43]

Com o Estado Novo, desaparecia o intermediário entre o presidente e o trabalhador. Segundo algumas teorias, essa "intimidade" é interpretada, ainda em 2025, como uma forma de obediência do trabalhador ao Estado que utilizava os benefícios trabalhistas, criando um operariado submisso ao aparato sindical oficial. "Sendo cooptada pelo Estado, a classe trabalhadora perdeu sua autonomia, o que resultou numa condição de submissão política, de ausência de uma impulsão própria."[44] É conveniente levar em conta que, depois de 1930, o fortalecimento do Executivo deixava poucas alternativas para propostas tidas como "liberais", marcadamente com a criação do Ministério do Trabalho, Indústria e Comércio. Houve, assim, uma mudança do cenário, coincidindo com o surgimento de lideranças de empresários que compreenderam o papel dos novos ministérios como mediadores nas relações entre patrão e empregado. O clima de violência começou a diminuir com a aceitação, a princípio, pelos sindicatos patronais, que perceberam as vantagens de um operariado mais satisfeito com os benefícios das leis trabalhistas e, por capilaridade, os sindicatos operários foram se acomodando ao novo sistema.

Análises mais recentes adotaram o conceito da "ideologia da outorga", que vem da interpretação dos benefícios apresentados aos trabalhadores como um presente de um ente paternal, familiar, entre pais e filhos, daí o cômodo "pai dos pobres", dado a Getúlio. Cômodo porque reforça a "ideologia da outorga" (ou seria melhor "mito da outorga"?), e acentua o caráter de família, de intimidade entre Vargas e trabalhadores. De forma subjacente, a ideologia de outorga pode sugerir a passividade de um operariado mais subserviente e menos combativo. Talvez, seja uma formulação que simplifique uma relação muito mais complexa.

Os empresários, apesar de certas discordâncias, aderiram à nova experiência de relação com os trabalhadores. Uma fração considerável da burguesia industrial entendeu melhor o recado que Vargas tentou passar ao pequeno grupo de homens de negócios no Rio de Janeiro, como vimos anteriormente. Sem dúvida, eles tinham consciência de que precisavam da participação do Estado na coordenação de atividades econômicas. Os industriais paulistas, liderados por Roberto Simonsen (às vezes relutante), eram uma das bases de sustentação dos projetos e dos planos do governo.[45] O papel desempenhado pelo novo ministro do Trabalho, Marcondes Filho, foi fundamental para o entendimento da chamada "nova democracia" como uma opção ao socialismo, ao totalitarismo e à democracia liberal.

Um dos conhecidos teóricos do Estado Novo, Azevedo Amaral, propôs uma possível interpretação da "nossa" alternativa: "A nova democracia seria a democracia das corporações, em que estas constituem centros de organização e orientação dos indivíduos para o bem público, verdadeiras fontes originárias da vontade popular."[46] Ou seja, deveria ser um projeto fundamentado em nossa realidade político-cultural, que desvendaria o significado histórico do regime inaugurado em novembro de 1937. No modelo totalitário, por exemplo, impera a força que esmaga o homem; no liberalismo, acredita-se na "mera igualdade política do direito de voto que pressupunha que todos os demais direitos estavam aí contidos".[47] No entanto, ambos ignoram o bem-estar e o direito dos governados. Seria mais apropriado pensar que no Brasil do período (mas não só) não cabiam as interpretações do materialismo histórico e tampouco as do liberalismo clássico. Sem mencionar o totalitarismo.[48]

Vários intelectuais da época contribuíram para a compreensão do período. O que se chamou sindicalismo corporativo, tido como um dos fundamentos do regime, tinha como base a obra de Oliveira Vianna, que já vinha estudando o tema desde 1920. Contudo, sua afirmação e difusão deram-se pelos discursos e pelos pronunciamentos de Marcondes Filho, advogado paulista convertido ao estado-novismo depois de se opor a Vargas e à Revolução de 1930. Uso a palavra "convertido" porque Marcondes Filho tornou-se um fervoroso defensor de Vargas e do projeto do Estado Novo, combatendo o regionalismo. Foi Marcondes Filho que ajudou a cunhar a ideia de indivíduo/cidadão, ou melhor dizendo, trabalhador-cidadão. O cidadão brasileiro (inclui-se aqui, sem dúvida, a cidadã) tinha que ser protegido pelo Estado com políticas públicas consolidadas pela organização sindical, que pregava, quase como um mantra, a conciliação entre capital e trabalho. Os primeiros sinais dessa conciliação racional podem ser encontrados antes mesmo da atuação de Marcondes Filho no Ministério do Trabalho. Em 1931, foi fundado o Instituto de Organização Racional do Trabalho (IDORT) que pretendia gerenciar os recursos humanos, estimulando a relação entre empregadores e empregados. Em 1933, pode-se dizer que o IDORT foi complementado com a criação da Escola Livre de Sociologia e Política, mencionada no capítulo "Revoluções" para todos os gostos: conflitos premonitórios", que procurava formar um segmento de futuros dirigentes sociais. Foram mecanismos aproveitados com destreza por Marcondes Filho, na década seguinte.

O indivíduo-cidadão só se realizaria efetivamente se a nacionalidade fosse protegida. O governo queria dizer que a imigração, se, por um lado, contribuía para o crescimento e a modernização do país, por outro, poderia exercer influências desintegradoras da nação. Daí a criação do Departamento Nacional de Povoamento para estimular os desempregados das cidades a procurarem ocupação no campo. A Marcha para o Oeste esperava transformar o imigrante num "fator de progresso e não de desagregação social e desordem política. [...]."[49] Dessa forma, os problemas das cidades só seriam solucionados com a modernização do campo. O trabalhador rural vivia um flagelo que reverberava na cidade: a superpopulação, o desemprego e a mendicância resultavam do isolamento e da penúria em que se encontrava o trabalhador rural, mal-educado e mal remunerado.

Quando o presidente americano Franklin Roosevelt sobrevoou a região Norte do Brasil, voltando de uma reunião com Churchill, imaginou como seria o futuro do país se houvesse um processo semelhante ao estadunidense, isto é, a conquista e a colonização do vasto território a oeste. Provavelmente era o que se passava pela cabeça de elementos do governo quando foi criado um crédito para quem se dispusesse a se fixar na Amazônia e na região Centro-Oeste. Na ocasião, pensava-se na sindicalização do trabalhador rural, projeto que não se realizou. A coesão territorial era condição central no pensamento de Getúlio Vargas, preocupado com a colonização aleatória. O nacionalismo era acentuado com interpretações expressas pelo próprio presidente. O Sul, para Vargas, provava que a imigração não ajudava a consolidar a ideia de nacionalidade, pois havia uma variedade de povos que traziam ideias exóticas. O mesmo não acontecia com o Nordeste, considerado o guardião de nossa nacionalidade. O nordestino poderia ser o mantenedor da nacionalidade, com sua deslocação para o Sul. No Sul e no Sudeste, a cultura nordestina teria forças suficientes para proteger as regiões da "corrosiva" internacionalização provocada pelos imigrantes estrangeiros.[50]

Com a intenção de verificar pessoalmente a situação do Norte do país, em outubro de 1940, Vargas chegou a Belém e foi recebido por uma comitiva composta principalmente de trabalhadores da região. De improviso, segundo o jornal que registrou a visita, dirigiu palavras ao "caboclo amazônico, duas vezes maltratado, pelas endemias e pela falta de meios com que se defender da ganância dos ambiciosos". E propôs, segundo o jornal, como solução a distribuição de terras para o trabalhador das selvas e o saneamento da região".[51] Depois da entrada do Brasil na Segunda Guerra ao lado dos Estados Unidos, foi criado o Serviço Especial de Saúde Pública (Sesp) que implantava medidas relacionadas à saúde e ao saneamento da região amazônica. De Belém, Vargas viajou pelo rio Tapajós e visitou parte das instalações da companhia Ford, em Belterra, às margens do rio, onde a empresa fazia experiências para aumentar a produção de látex.

O presidente voltou para a capital com a clara sensação de que havia muito a ser feito pelo Brasil.

DO BEM-ESTAR

O jornal *A Noite* de 10 de novembro de 1940, um domingo, anunciou mais uma obra do governo que beneficiava os trabalhadores urbanos. Aliás, o jornal era um órgão oficioso do governo Vargas, que havia sido encampado, juntamente à rádio Nacional, em março de 1940.

Tratava-se da inauguração do Restaurante Padrão de uma Alimentação Sadia, construído pelo Instituto de Pensões e Aposentadoria das Indústrias. As solenidades de abertura do restaurante na praça da Bandeira foram feitas por Vargas. O projeto, também conhecido como *restaurante operário* ou simplesmente pela sigla SAPS do Serviço de Alimentação da Previdência Social, sobreviveu por mais de 25 anos. A reportagem segue com detalhes pitorescos da cerimônia: "por falta de espaço na mesa principal do presidente e de dona Darcy Vargas, muitos ministros e altos funcionários sentaram-se à mesa repartindo o espaço com operários".[52] Notável que a proximidade entre altos funcionários e ministros com os trabalhadores evidenciava talvez um dos mais importantes pontos de identidade do Estado Novo, qual seja, o desaparecimento de intermediários entre o povo e o governo. Na cena política e social, o trabalhador urbano ganhou o papel de protagonista, posição que vinha crescendo desde 1930 e se acentuou depois de 1937. Ora, a fundação do SAPS significava que esse novo personagem do nosso drama precisava ser bem alimentado, com boa saúde e ter forças suficientes para produzir o que um país em transformação carecia.

A racionalização era peça indispensável para o projeto do movimento de 1930 e, principalmente, do Estado Novo. Só assim seria possível a preparação de uma alimentação balanceada, saudável e com nutrientes adequados (e, sem dúvida, de "baixo preço"). De certa forma, o SAPS ajudou o trabalhador a complementar o salário-mínimo, criado pela lei de 1º de maio de 1940. O poder aquisitivo do trabalhador deteriorou-se com a guerra e a inflação, daí o "reajuste" indireto do salário, o que foi uma forma de compensação. Com várias sedes localizadas nas cidades mais importantes do país, o SAPS oferecia, além da alimentação, cursos de alfabetização, bibliotecas populares, cursos de corte e costura e um curioso Consultório de Alimentação Econômica, que orientava na escolha dos produtos necessários à preparação de uma alimentação saudável.[53]

A política da alimentação, balanceada e planejada por nutricionistas, era uma prática muito nova no Brasil, feita por especialistas vindos de escolas técnicas. A troca de informação entre os frequentadores dos restaurantes SAPS e os técnicos ajudou a melhorar a qualidade, sem interferir no gosto popular da alimentação. Ironicamente, para os padrões atuais, o Brasil estava entre os países que desenvolviam as melhores pesquisas sobre alimentação popular adequada.

O mesmo jornal que anunciou a abertura do SAPS chamou a atenção do leitor, cerca de um ano depois, para mais um feito do governo Vargas, ou melhor, era uma obra em parceria com uma associação católica. Tratava-se da Escola de Pesca Darcy Vargas, localizada na ilha de Marambaia, município de Mangaratiba, no estado do Rio de Janeiro. A Escola de Pesca fazia parte do Abrigo Cristo Redentor, associação filantrópica ligada à Igreja Católica, que tinha por fim educar os filhos dos pescadores da região e torná-los profissionais/técnicos em pescaria e atividades correlatas. Segundo a reportagem de *A Noite*, a instituição era um empreendimento e "na realidade a Escola de Pesca é uma verdadeira cidade que surgiu do nada [...]".[54] A reportagem acrescenta ainda que a primeira-dama, dona Darcy Vargas, fez uma pequena viagem nos arredores a bordo da jangada São Pedro, que havia feito, alguns meses antes, a famosa viagem do Ceará ao Rio de Janeiro sob o comando do pescador Jacaré. A jangada foi incorporada ao patrimônio da Escola de Pesca.

Em 1941, teve início o ensino primário para crianças pobres, que foi instituído em forma de internato. Numa carta endereçada ao presidente, escrita no papel com o cabeçalho da instituição Abrigo Christo Redentor – para mendigos e crianças, o "provedor" Raphael Levy Miranda explica que as crianças da escola viriam de todos os estados do Brasil para ganhar um futuro digno. O assistencialismo marcava alguns setores do governo de Vargas: desde a Escola de Pesca Darcy Vargas até a Casa do Pequeno Jornaleiro, fundada por dona Darcy Vargas em 1938, que esperava dar apoio aos jovens entregadores e vendedores de jornais no Rio de Janeiro. As imagens do presidente Getúlio Vargas na visita à escola de pesca sugerem certa complacência ou mesmo um estoicismo. O assistencialismo parecia estar mais em sintonia com o catolicismo de dona Darcy, primeira-dama, do que com o positivismo do presidente.

Talvez a postura complacente de Vargas prenunciasse a crise do Estado Novo, iniciada em 1942.

A Guerra Mundial, os impasses do autoritarismo e o golpe de 1945

*[Vargas] É um homem que faz política
de esquerda com a mão direita.*

(Ortega y Gasset)

OS ESTADOS UNIDOS, A GUERRA E O BRASIL

Ao longo da década de 1930, o Brasil conseguiu superar a crise iniciada com a quebra da bolsa de Nova York e direcionar a economia para a industrialização e para a política social. Dependíamos ainda, como se sabe, da exportação de produtos primários para países industrializados. Pode-se dizer que, com certa habilidade, mantínhamos, no plano econômico, um equilíbrio comercial entre os Estados Unidos e a Alemanha, já que a Inglaterra perdia terreno para esses dois gigantes mundiais. A metáfora do equilibrista Vargas já foi muito usada, mas continua válida para a perigosa conjuntura mundial da época. O Brasil habilmente pressionava os Estados Unidos, em especial nos pedidos de materiais bélicos, ao mesmo tempo que não escondia as negociações com a Alemanha. As surpreendentes e rápidas vitórias militares dos Exércitos nazistas atraíam a atenção do mundo. Vargas parecia não esconder sua surpresa com a azeitada máquina de guerra alemã. Pelo menos foi o que manifestou de forma oblíqua no conhecido discurso feito poucos dias antes da rendição da França, em 1940.

A 11 de junho, a bordo do encouraçado Minas Geraes, em uma comemoração oficial da Marinha, o presidente fez um pronunciamento bastante dúbio. Declarou, inicialmente, que não existia o antagonismo entre os países americanos: "estamos unidos por vínculos de estreita solidariedade a todos os países americanos, em torno de ideias e aspirações e no interesse comum da nossa defesa".[1] Vargas deixava claro o seu apoio à causa defendida pelos Estados Unidos. Para ele, as Américas deveriam permanecer juntas. Entretanto, o rumo do discurso mudou. Vargas disse que a humanidade estava caminhando para um futuro que superava os velhos sistemas e modelos de sociedade. E garantiu que "[...] povos vigorosos aptos à vida necessitam seguir o rumo de suas aspirações, em vez de se deterem em contemplações [...]."[2] Mais adiante, ele afirmou, de maneira enfática, que já havia passado "a época dos liberalismos imprevidentes, das demagogias estéreis, dos personalismos inúteis e semeadores de desordem".[3] O discurso dava margem a várias interpretações suspeitas, pois, no mesmo momento em que discursava, tropas nazistas se aproximavam dos *boulevards* de Paris. O público poderia entender que o "liberalismo imprevidente" havia provocado a crise em que mundo se encontrava. Os jornais, a opinião pública, os setores dos governos americano e inglês ouviram uma declaração explícita de apoio às potências nazifascistas. Uma leitura cuidadosa do pronunciamento, entretanto, mostra que não era bem assim, pois o presidente brasileiro estava quase repetindo algumas ideias de Roosevelt no conhecido *New Deal,* quando seu governo tentava controlar o crescimento das grandes empresas.

Ao mesmo tempo, o discurso de Vargas parecia alertar o próprio presidente Roosevelt por não dar a desejada atenção aos pedidos de ajuda financeira ao projeto da usina siderúrgica e ao fornecimento de armas para o Exército. E, por estranho que possa parecer, Errol Flynn, o conhecido ator de Hollywood, que estava no Brasil à época, encontrou-se com o presidente brasileiro e declarou, em carta a Roosevelt, datada de 15 de junho, não ter dúvidas de que o Brasil era o maior amigo que os Estados Unidos tinham na América Latina.[4] A carta do ator de Hollywood deu uma pequena ajuda nas tratativas para desfazer o mal-entendido causado pela fala de Vargas. Oswaldo Aranha, nosso chanceler, amenizou o conteúdo do discurso. O secretário de Estado americano, Cordell Hull, garantiu à imprensa que a relações entre o Brasil e os Estados Unidos eram as melhores possíveis. Carlos Martins, nosso embaixador em Washington, fez malabarismo para mudar o sentido da fala do presidente brasileiro. O próprio Vargas telegrafou a Carlos Martins dizendo que um reformador como Roosevelt concordaria com o teor do discurso.[5] Na verdade, Vargas foi hábil o suficiente para transformar o episódio em um mal-entendido que caiu no esquecimento.

As negociações entre o Brasil e os Estados Unidos prosseguiram com mais vigor e com resultados positivos em relação aos acordos do financiamento de uma usina siderúrgica e aos entendimentos militares.

Esperávamos, dessa forma, obter ajuda dos americanos para deslanchar o programa, já iniciado, de modernização do país, sem desprezar as complexas relações com a Alemanha. Esse período ficou conhecido como "política pendular do governo Vargas", isto é, mantinham-se, de um lado, relações comerciais em bases liberais com os Estados Unidos e Inglaterra e, de outro, satisfatórias relações no comércio com a Alemanha, em bases de moeda compensada, como veremos a seguir.

As relações comerciais entre a Alemanha e o Brasil despertavam desconfianças dos Estados Unidos desde a segunda metade da década de 1930. Nosso país era o maior parceiro comercial da Alemanha fora do cenário europeu. Em 1938, graças ao sistema de compensações, o algodão brasileiro forneceu cerca de 50% das necessidades da indústria alemã. O café não ficou muito atrás, ao lado de outros produtos primários importantes para a indústria e o consumo alemães. A falta de moedas fortes, tanto no Brasil como na Alemanha, estimulou o comércio compensado: produtos brasileiros vendidos para a Alemanha eram pagos em marcos que só podiam ser usados para comprar produtos de fabricação germânica. O sistema era vantajoso para o Brasil e para a Alemanha, mas havia obstáculos de difícil superação, como era o caso do acúmulo de marcos compensados no Banco do Brasil que, em 1938, chegou a 30 milhões de marcos. A suspensão desse comércio poderia acarretar prejuízos à economia brasileira e afetar a vida de produtores e plantadores de café, algodão, cacau, laníferos, frutas, manteiga, peles etc.[6] Os Estados Unidos protestavam, mas não tomavam medidas mais drásticas para impor sua política liberal. Afinal, estávamos vivendo a era da Política da Boa Vizinhança. Os *policy makers* americanos não queriam enfrentar mais obstáculos do que aqueles que já estavam enfrentando, principalmente nos acordos militares que faziam parte da grande estratégia estadunidense para proteger o seu flanco sul de possíveis ataques do nazifascismo.

Já se escreveu bastante sobre as relações entre o Brasil e os Estados Unidos à época da Segunda Guerra Mundial. As publicações vão desde memórias de nossos militares que estiveram no *front* italiano até estudos de política e estratégia, além de análises de economistas e especialistas estrangeiros e brasileiros.

Vale fazer uma digressão da conjuntura imediatamente anterior à guerra que ameaçava o continente americano. Franklin Delano Roosevelt, presidente dos Estados Unidos desde março de 1933, viveu em estado de crescente preocupação com o avanço espantoso do fascismo na Europa, em especial com o rearmamento da Alemanha nazista. Hitler iniciou o desmonte das cláusulas do Tratado de Versalhes com: rearmamentos, retomada da região do rio Reno, anexação da Áustria e invasão da Tchecoslováquia no começo de 1939. A atenção dos americanos redobrou quando a Alemanha invadiu a Polônia, a 1º de setembro do mesmo ano. França e Inglaterra declaram guerra ao agressor poucos dias depois. Começava a fase europeia da nova guerra mundial. Os combates navais davam uma primeira impressão de que o conflito seria localizado, impressão que se desfez quando a Alemanha invadiu os países escandinavos e, em pouco tempo, o oeste europeu foi sendo conquistado. Para surpresa de todos, no dia 14 de junho de 1940, dois dias depois do discurso de Vargas, tropas nazistas chegaram a Paris, capital da outrora gloriosa França. A bandeira nazista tremulava na torre Eiffel. Só a Inglaterra resistia à *Blitzkrieg*, ou guerra-relâmpago, como ficou conhecida a estratégia alemã. O presidente americano e seus assessores tinham uma grande preocupação: até quando a Grã-Bretanha resistiria? Poucos se atreviam a fazer um prognóstico.

A ocupação da França forçava Roosevelt e militares do alto comando a observarem, preocupados, o mapa do continente africano. Calculavam o risco que representava para o continente americano uma possível ocupação da colônia francesa no Senegal pelos alemães. Aproximadamente 3 mil quilômetros separam Dakar (Senegal) de Natal (RN), no litoral nordeste brasileiro, a menor distância entre as Américas e o Velho Continente. Ainda hoje se discute se havia a chance real de a Luftwaffe (força aérea nazista) ter aviões com autonomia para atravessar o Atlântico Sul e, de lá, alcançar o canal do Panamá. Para os padrões atuais, trata-se de uma distância comum para as aeronaves, mas no começo da década de 1940 não era tão simples assim. O historiador americano Stanley Hilton afirma, em vários livros, que os militares americanos superestimavam o potencial aéreo dos nazistas, pelo menos no que diz respeito à autonomia de voo.[7] A questão era tão controvertida que, em meados de 1939, o serviço de inteligência militar dos Estados Unidos estimou que a Itália e a Alemanha tinham prontos "mais de três mil aeronaves capazes de cruzar o Atlântico Sul carregadas de bombas".[8] Vale lembrar que nossas Forças Armadas careciam de capacidade de defender-se de uma possível invasão frente à colossal força militar estrangeira. A avaliação de nosso potencial de defesa feita pelos comandantes militares brasileiros não era muito encorajadora: não tínhamos nem navios, nem aviões, nada ou quase nada de artilharia antiaérea, nem forças terrestres para impedir um suposto ataque a Natal. Os líderes militares e os políticos tinham consciência de nossa fragilidade e de que precisaríamos de uma ampla ajuda para armar uma força mínima de defesa. Além dessas previsões pouco estimulantes, os serviços de inteligência do Exército americano previam constantes conspirações e golpes de Estado no Brasil, com o apoio dos nazifascistas. Rumores e notícias de pouca credibilidade aumentavam a tensão dos americanos. O programa de rádio *Evening News*, de Drew Pearson e Bob Allen, muito popular nos Estados Unidos, transmitia notícias preocupantes. Por exemplo, um pouco antes do ataque japonês a Pearl Harbour, Drew Pearson disse que Hitler iria transferir as fábricas da antiga Tchecoslováquia para o Brasil, porque aqui estava localizada a maior reserva de minério de ferro do mundo. Notícia impossível de comprovar, mas era mais um argumento que justificava a aliança Brasil-Estados Unidos. Além de rumores de difícil comprovação, houve informações que tinham razão de ser, como foi o caso dos planos alemães de invadir e tomar posse da ilha de Fernando de Noronha, situada a pouco mais de 300 quilômetros da costa do Nordeste brasileiro. Essa notícia chegou aos ouvidos de Roosevelt pouco antes do ataque nazista à Polônia.

As negociações entre militares brasileiros e americanos pareciam não avançar. As condições econômicas e sociais do Brasil não

A Guerra Mundial, os impasses do autoritarismo e o golpe de 1945 | 107

eram suficientes para produzir e prover nossas Forças Armadas com material necessário para um possível e imaginado ataque nazista ao Nordeste. Tanto o general Eurico G. Dutra, ministro da Guerra, quanto o general Pedro A. de Góes Monteiro, chefe do Estado Maior, procuravam formas de modernizar as Forças Armadas. As relações com a Alemanha, país que estava fornecendo material bélico para o Brasil, com a expansão da guerra, eram cada vez mais arriscadas pelas atividades de navios ingleses e alemães no Atlântico. Para se ter uma ideia da importância estratégica do litoral do Nordeste brasileiro, o chefe do Estado Maior das forças americanas, general George C. Marshall, visitou o Brasil em maio de 1939. Depois de várias reuniões, americanos e brasileiros deram os primeiros passos para um acordo de reciprocidade militar. Em perfeita sintonia com o Departamento de Estado, o general americano convidou seu colega Góes Monteiro para visitar os Estados Unidos, evitando que o brasileiro continuasse os contatos com a Alemanha. Curiosamente, o gesto do general Marshall ao visitar o Brasil sugere o raciocínio de um estrategista arguto. Mas essa não era a opinião de Alan Brooke, general, chefe do Estado Maior das Forças Armadas britânicas. Para ele, Marshall não tinha educação militar suficiente para pensar a grande estratégia necessária para invadir a Europa dominada pelas forças nazistas.[9]

Enquanto os militares brasileiros e americanos procuravam se entender para chegar a um acordo quanto à construção de bases aeronavais no Nordeste brasileiro, Hitler virou sua máquina de guerra para o Leste Europeu, isto é, iniciou a invasão da União Soviética, na madrugada do dia 22 de junho de 1941. Na avaliação, correta, dos estrategistas americanos, o risco de uma invasão nazista nas Américas, vale dizer, via Atlântico Sul, diminuiu consideravelmente, ao menos por algum tempo. Hitler era um jogador, mas não se atrevia a abrir duas frentes de combate e concentrou-se na União Soviética que, tinha certeza, seria vencida e dominada em pouco tempo, avaliação compartilhada por muitos líderes ocidentais.

Os *policy makers* calculavam que assim os Estados Unidos teriam tempo de se preparar para o conflito inevitável. Isso significava rearmar e remodelar o Exército americano, cujas condições ofensivas eram quase iguais a zero. Pouco mais de um mês depois do ataque alemão à União Soviética, Roosevelt e Churchill se encontraram secretamente em Newfoundland (Canadá). Trataram da ajuda americana à Grã-Bretanha e da entrada dos Estados Unidos na guerra quando possível fosse. E, num ato mais do que simbólico, os dois líderes enviaram uma nota de solidariedade das democracias ocidentais a Stalin. Foi o primeiro passo para a formação da Grande Aliança. A previsão da derrota da União Soviética já não era uma unanimidade.

Getúlio Vargas acompanhava com apreensão os acontecimentos europeus. Só desejava que os negócios com o Brasil não fossem prejudicados. Desejo quase impossível. O apresamento de um navio brasileiro, o Siqueira Campos, pela Marinha britânica com carregamento de armas alemãs compradas pelo nosso Exército, era prova de que as relações comerciais com a Alemanha não poderiam continuar, pois tínhamos que navegar em mares agitados, literalmente.

À medida que o teatro da guerra na Europa e no Oriente se ampliava, os Estados Unidos ficavam divididos entre as várias frentes do conflito que, sem dúvida, aproximavam-se do país. E Franklin Roosevelt iniciava o seu surpreendente terceiro mandato com a tarefa de preparar a nação para a guerra. O presidente tinha que superar a forte oposição dos militantes de extrema direita do movimento American First — que renasceu recentemente com Donald Trump —, ligado a uma ala dos republicanos simpática aos fascistas.

Este era o cenário em que se encontrava o Brasil: esperando a ajuda material dos americanos para equipar e modernizar nossas Forças Armadas.[10] As expectativas brasileiras eram condicionadas ao rumo que o conflito ia tomando, o que se confirmou com as notícias vindas da frente oriental anunciando a derrota da Alemanha, às portas de Moscou, no inverno de 1941. E, quase ao mesmo tempo, a força aeronaval japonesa, comandada pelo almirante Yamamoto, num ataque de surpresa, destruiu a maior parte da esquadra americana estacionada na grande base naval de Pearl Harbour, no oceano Pacífico. A Alemanha e a Itália declararam guerra aos americanos. Os Estados Unidos estavam totalmente envolvidos na guerra, agora mundial, e, com eles, de uma forma ou de outra, todo o continente foi arrastado para o maior conflito da história. Os acordos em andamento para alavancar as Forças Armadas do Brasil tomaram outro rumo, como se verá.

Cerca de um mês depois de efetivado o estado de guerra entre o Eixo e os Estados Unidos, os países das Américas se reuniram na chamada Conferência de Chanceleres do Rio, em janeiro de 1942, e, com exceção da Argentina e do Chile, romperam relações com a Alemanha, a Itália e o Japão. As Forças Armadas do Brasil estavam ansiosas para obter armamentos estadunidenses e encontrar uma forma de permitir o uso de bases no Norte e no Nordeste brasileiros. Sumner Welles, subsecretário de Estado que se encontrava no Rio de Janeiro, percebeu o mal-estar entre os nossos militares do alto comando e enviou um telegrama secreto e urgente para Roosevelt, pedindo que autorizasse o envio de armas para o Brasil. Havia muita desconfiança por parte dos militares americanos. O general Marshall, chefe do Estado Maior dos Estados Unidos, chegou a dizer que temia que os brasileiros usassem as armas americanas contra os próprios americanos.[11]

Isto reorientou a política externa e militar dos Estados Unidos: o Nordeste brasileiro continuava a ter importância estratégica decisiva para os americanos, mas os estadunidenses tinham prioridades no processo de transformação do seu parque industrial em uma gigantesca fábrica de armas. Aviões, navios, submarinos, canhões e até bomba atômica iriam derrotar os nazifascistas e os militaristas nipônicos. A ideia era transformar os Estados Unidos no arsenal da democracia, como disse Roosevelt. Com isso, o calendário de fornecimento de material bélico para as Forças Armadas brasileiras ficou mais apertado. A cooperação entre o Brasil e os Estados Unidos se concretizou em março, quando o presidente Vargas assinou, depois de consultar o general Dutra e o general Góes Monteiro, uma lei permitindo o envio de soldados americanos para a base aeronaval de Natal, no Rio Grande do Norte. A condição era de que os soldados americanos fossem considerados técnicos; dessa forma, o brio de nossas Forças Armadas seria preservado, já que soldados estrangeiros pisando nosso solo seria um sinal de subserviência.

O termo *base aeronaval* é apropriado, pois a grande companhia de transporte aéreo, a conhecida Pan American, e sua subsidiária brasileira, a Panair, estavam completando a construção de moderno a amplo aeroporto com confortáveis acomodações, juntamente à instalação, no rio Potengi, de locais apropriados para hidroaviões e um porto com capacidade de receber grandes navios. Embora Adolf Berle, alto funcionário do governo Roosevelt, desconfiasse, com razão, de que a Pan American queria obter lucro nessa atividade, não havia outra solução na urgente conjuntura.[12] Um amplo acordo militar foi firmado alguns meses depois, garantindo ao Brasil a entrega de canhões antiaéreos, tanques de guerra, aviões de combate etc.

Mesmo assim, a desconfiança de nossos generais Dutra e Góes continuava. Ambos os chefes militares calculavam os riscos que a Alemanha representava depois do rompimento das relações diplomáticas. Como se não bastasse, temiam ainda o potencial bélico das Forças Armadas argentinas, que, historicamente, continuavam a representar uma ameaça à integridade territorial brasileira, daí as pressões para que os Estados Unidos provessem nossas forças militares com armas que as transformariam em um "verdadeiro exército". Em março de 1942, o governo americano liberou um novo empréstimo, por meio do Lend-Lease Act (Lei de Empréstimo e Arrendamento), cujo montante deveria cobrir o início da construção da Usina Siderúrgica de Volta Redonda, suprir parte das necessidades do Exército, da Marinha e da Força Aérea, de obras de ferroviais, exploração de materiais estratégicos (borracha, minério de ferro e areia monazítica).

As questões do reaparelhamento das Forças Armadas e da coetânea siderúrgica, desejada e sonhada por Vargas e pelos militares, estavam encaminhadas, mas a situação política era mais enigmática.

Na passagem de 1942 para 1943, com duas grandes derrotas dos nazistas frente ao Exército Vermelho, uma em Stalingrado e outra em Kursk, e o avanço dos aliados na África do Norte, ficou patente que as forças alemãs não eram invencíveis. O Brasil desempenhou importante papel logístico ao basear as forças aeronavais americanas em Natal e em outros portos do Norte e do Nordeste, que ajudaram a invadir a África setentrional, desalojando as tropas de Rommel, o famoso marechal alemão, na guerra do deserto. Vargas intuiu que precisava agir rápido. Deixou seu filho mais novo moribundo, acometido de poliomielite, e embarcou para Natal, para encontrar-se com o presidente Franklin Delano Roosevelt, que voltava de uma conferência com Churchill no Egito. Como se sabe, a base americana em Natal foi de grande importância estratégica na Batalha do Atlântico. Daí a região ser considerada uma das maiores bases aeronavais da época da guerra. O Atlântico, tanto do Sul como do Norte, foi palco de batalhas importantes contra os submarinos alemães. Na região Sul, atuavam unidades norte-americanas e brasileiras, muitas vezes em conjunto.

Foi exatamente nessa base que, secretamente, Getúlio Vargas e Franklin Roosevelt se encontraram para uma conferência no dia 28 de janeiro de 1943. Eles já tinham se reunido num passado recente, em dezembro de 1936, no Rio de Janeiro. Se em 1936 o encontro foi quase casual, sem uma agenda muito clara, em 1943, a agenda dos dois, e em especial a de Vargas, estava cheia. Dessa vez conferenciaram nas acomodações do navio USS Humboldt, ancorado no rio Potengi. A viagem, embora secreta, foi discutida pelo menos com Oswaldo Aranha e alguns militares de alta patente.

Um dos primeiros pedidos de Roosevelt foi para que Vargas participasse da projetada Organização das Nações Unidas e, possivelmente, enviasse tropas para Açores e Madeira. A resposta do brasileiro foi clara: lembrou, mais uma vez, que qualquer participação em uma ação de guerra só seria possível se os Estados Unidos equipassem adequadamente nossas Forças Armadas com aviões, navios, peças de artilharia etc. Oswaldo Aranha havia preparado uma lista de reivindicações – muito arrojada, segundo o departamento de Estado americano –, com claro objetivo de fortalecer a posição política do Brasil no quadro internacional: consolidar a proeminência do país na América do Sul, aumentar a influência sobre Portugal e suas colônias, e construir ferrovias e rodovias para melhorar o deficiente sistema de transportes do país.

Os dois chefes de Estado almoçaram e continuaram a discutir o futuro do mundo pós-guerra. "Vargas ficou bastante satisfeito quando Roosevelt disse que gostaria muito de tê-lo ao seu lado durante a conferência de paz".[13] O presidente brasileiro tinha dupla intenção quando pediu ajuda material para as Forças Armadas: alcançar uma posição internacional mais forte e manter os militares em atividades de defesa do nosso território e, assim, afastá-los de atividades políticas. Em tempo, os dois conversaram em francês.

Os dois líderes se despediram. Vargas teve tempo de voltar e ver Getulinho em estado agônico. Mas o presidente não tinha tempo nem para prantear adequadamente o filho morto. Em junho de 1943, o Exército americano aceitou a formação da Força Expedicionária Brasileira (FEB) para ir lutar no *front* ocidental. O que o governo brasileiro pretendia era ter uma voz suficientemente forte para ser ouvida no cenário internacional do pós-guerra. Era uma aposta que parecia exequível. Em meados do ano começaram a chegar as armas para treinar uma divisão de infantaria brasileira. As peças do quebra-cabeça estavam se encaixando. A equipe de políticos e militares, comandada por Vargas, parecia estar caminhando em direção à tão esperada modernização. No entanto, os riscos eram cada vez maiores e se acentuavam com o rumo da guerra e as perspectivas da paz. Além disso, uma parcela dos *new dealers* desenvolvia fortes suspeitas em relação ao crescente nacionalismo do governo Vargas que, segundo eles, ameaçava a hegemonia americana.

Em janeiro de 1943, após uma reunião realizada no USS Humboldt, ancorado no porto do rio Potengi, em Natal, os presidentes Franklin D. Roosevelt e Getúlio Vargas são fotografados no convés da embarcação, ao lado de Harry Hopkins, líder do Conselho de Atribuições Britânico-Americano, à esquerda, e de Jefferson Caffery, então embaixador dos Estados Unidos no Brasil.

PAULATINA DESAGREGAÇÃO

Como ainda estávamos sob um governo regido pela Constituição de 1937, isto é, uma ditadura, políticos e militares brasileiros pensavam diferentes formas de transição de um governo autoritário para um democrático. O presidente Vargas achava que essa transição poderia esperar um pouco mais, perspectiva que não agradava a alguns setores políticos e militares.

Há uma quase unanimidade entre os estudiosos do período de que um dos primeiros sinais da crise que provocou o fim do Estado Novo foi o Manifesto dos Mineiros de 1943.

Há boas razões para concordar com essa interpretação; no entanto, recuando-se um pouco no tempo, outro episódio parece ser tão ou mais decisivo que o Manifesto. Trata-se do decreto promulgado por Vargas em setembro de 1942 que anulou um artigo da Constituição de 1937, limitando a permanência do presidente até novembro 1943. Em outras palavras, a ditadura tinha data de validade. O Brasil estava em guerra com as potências do Eixo, era a justificativa de Getúlio Vargas e, segundo ele, só depois de terminado o conflito o país poderia discutir o fim do governo autoritário. O ministro da Guerra, general Eurico G. Dutra, viu com grande desconfiança o ato do ditador.[14]

Getúlio surpreendeu até seus próprios ministros, em especial, os militares. O movimento de Vargas foi uma engenhosa ação tática, mas, no médio prazo, redundou num desastre estratégico, pois a "parceria" militares/Getúlio, garantidora do golpe de Estado de 1937, começou a se desfazer. O ato criou um incômodo no seio das Forças Armadas. O ditador pretendia se perpetuar no poder? Essa era a pergunta que rondava a alta cúpula nos quartéis. Vargas respondia que tínhamos nos envolvido num conflito mundial e, assim, o país tinha que se concentrar no esforço de guerra. Mudanças, como a prevista na Constituição, poderiam esperar. Havia políticos, militares e a própria população brasileira que, de uma forma ou outra, apoiavam o ditador. Cinco navios brasileiros foram afundados por uma flotilha de 11 submarinos alemães entre os dias 14 e 17 de agosto. O ataque dos *u-boot* (assim eram conhecidos) provocou muitas vítimas. A nação inteira pedia vingança. Na sequência, manifestações contra o Eixo se espalharam pelo país. Estudantes da Faculdade de Direito do Largo São Francisco realizaram uma grande passeata pelas ruas centrais de São Paulo.

A polícia reprimiu a tiros e um estudante foi morto. No Recife, aconteceu o mesmo com duas vítimas.

Com a anuência do chanceler Oswaldo Aranha, do ministro interino da Justiça, Vasco Leitão da Cunha, e do interventor do Estado do Rio de Janeiro, Ernâni do Amaral Peixoto, estudantes cariocas realizaram uma grande passeata organizada pela União Nacional dos Estudantes (UNE). A manifestação só foi possível com o afastamento de Filinto Müller do poderoso cargo de chefe da Polícia do Distrito Federal e da exoneração de Lourival Fontes do também poderoso cargo de diretor do Departamento de Imprensa e Propaganda (DIP). Ambos sempre demonstraram simpatia pelos governos fascistas europeus. Seriam esses sinais de enfraquecimento da ditadura?

A grande passeata dos estudantes no dia 4 de julho percorreu as principais avenidas e ruas do centro do Rio de Janeiro. Carros alegóricos com figuras caricatas de Hitler e Mussolini eram destaques na manifestação. Contudo, o carro de honra, que abriu a passeata, era uma homenagem ao presidente Getúlio Vargas. Seu busto estava ladeado por imagens representando os Estados Unidos e a Inglaterra. Para alguns, os atos dos estudantes podiam ser interpretados como uma crítica à ditadura, vista como uma versão do fascismo; para outros, era uma comemoração da aproximação com os Estados Unidos.

Outra via de contestação ao regime foi, por exemplo, a criação de sociedades de intelectuais, políticos, profissionais liberais, como o caso da fundação da Associação Brasileira de Escritores, no Rio de Janeiro, no princípio de 1942. Vale lembrar que o DIP controlava ou procurava limitar as manifestações políticas e culturais que criticavam a ditadura. Os jornais, como sabemos, estavam sob rigorosa vigilância. Entre os fundadores da Associação, estavam nomes como Otávio Tarquínio de Sousa (presidente), Sérgio Buarque de Holanda, Astrogildo Pereira, Graciliano Ramos, José Lins do

Rego, Sérgio Milliet, Mário de Andrade, Oswald de Andrade e Érico Verissimo. Eles reivindicavam tão somente liberdade de expressão.

Em agosto de 1943, o ministro da Justiça, Marcondes Filho, foi convidado para presidir o congresso jurídico do Instituto dos Advogados Brasileiros. A honraria, no entanto, não impediu que o ministro vetasse a participação de correntes contrárias ao Estado Novo no congresso. Entendeu-se que as plenárias pensadas pelos organizadores abordavam temas avessos ao "espírito" daquele momento: direitos humanos e democracia. Negado o pedido, os congressistas, entre eles o mineiro Pedro Aleixo e seus conterrâneos, abandonaram o encontro.

O desagravo veio com o Manifesto dos Mineiros, lançado em 24 de outubro de 1943, pedindo o estabelecimento de uma democracia liberal. O texto teve repercussão em todo o país. O documento, assinado por mais de 90 líderes políticos liberais e intelectuais mineiros, foi impresso numa tipografia clandestina do interior do estado, com uma tiragem de cerca de 50 mil exemplares. Já no preâmbulo, precauções mineiras: "As palavras que nesta mensagem dirigimos aos mineiros, queremos que sejam serenas, sóbrias e claras [...]." Não havia, segundo o Manifesto, pretensão de enfrentar frontal ou violentamente o governo: "[...] este não é um documento subversivo, não visamos agitar e nem pretendemos conduzir [...]". Notar que os mineiros queriam deixar claro que não propunham uma "revolução" como a de 1930. Eram liberais e da paz: "[...] falamos à comunidade mineira sem enxergar divisões ou parcialidade, grupos, correntes ou homens. [...]". Pode-se dizer que o Manifesto é sinuoso. Talvez o adjetivo seja exagerado, entretanto, os meandros do texto não conseguem superar o seu caráter contraditório. O longo documento não esqueceu Tiradentes, Roosevelt e a Carta do Atlântico. Faz referências à luta contra o fascismo e àquela travada em nosso país pelos direitos cívicos e pela liberdade de pensamento. Mas a contradição aparece ao compararmos pelo menos dois trechos:

A GUERRA MUNDIAL, OS IMPASSES DO AUTORITARISMO E O GOLPE DE 1945 | 117

"[...] não se infira, porém, da ressalva feita, que desejamos voltar aos vícios das organizações e práticas políticas anteriores a 1930". Ao fim do documento, não obstante, os mineiros procuram uma saída, digamos, menos dúbia, mas permanece contraditória: "[...] sob os ideais de 1889 e reafirmados solenemente em outubro de 1930, a fim de que pela federação e pela democracia possam todos os brasileiros viver em liberdade [...]".[15] Se na frase anterior há um claro apelo negando proximidades com práticas políticas anteriores a 1930, isto é, com os "vícios" da República Velha, da oligarquia agrária e do regionalismo, por que 1889 (ou 1891) pode ser reafirmado "solenemente em outubro de 1930"? Desde as primeiras páginas do presente livro, procurei mostrar ao leitor que 1930 foi um movimento anti-1889 (ou oponente da Constituição de 1891) e, portanto, antifederalista. Talvez por isso Vargas tenha afirmado que o Manifesto foi obra de "um amontoado de idealistas sem consistência". Há que se pensar.

Seguem nomes de alguns notáveis mineiros que firmaram o documento: Afonso Arinos de Melo Franco, Virgílio Alvim de Melo Franco, Pedro Aleixo, Pedro Nava, Milton Campos, Artur Bernardes, Adolfo Bergamini, Afonso Pena Jr., Alaor Prata, Bilac Pinto, Daniel de Carvalho, José de Magalhães Pinto, Mário Brant, Odilon Braga, entre outros. Alguns deles, passados dois anos, estarão na ata da fundação da União Democrática Nacional (UDN), como Orlando da Silva Rosa Bonfim, este último do Espírito Santo, militante do Partido Comunista em Minas. Foi morto pelo governo militar na década de 1970.

Alzira, filha e secretária de Vargas, afirmou que o Manifesto não preocupou o governo e foi publicado nos jornais. Entretanto, a pesquisa realizada nos diários da época revelou que o Manifesto de fato não foi publicado. Teve até mesmo um comentário jocoso de Milton Campos, um dos seus signatários e hábil político mineiro. Ele disse que a divulgação do documento, já chegado às mãos de

Vargas, iria ter consequências: "Não sei se o Manifesto vai fazer ondas, mas que vai produzir vagas, vai." E produziu: muitos dos que assinaram o Manifesto perderam os cargos que ocupavam.

Para Alzira, o que realmente pressagiou a desagregação do regime estado-novista foi o episódio da formação da Sociedade Amigos da América, provavelmente em 1º de janeiro de 1943, presidida pelo general Manuel Rabelo, um conhecido veterano de 1930, e por Oswaldo Aranha. Dutra nutria uma profunda desconfiança em relação a essas organizações e chegou a sugerir que Rabelo tinha secreta simpatia pelos comunistas. O anticomunismo no Brasil sempre adquiriu diversas formas de se manifestar nas diferentes conjunturas de nossa história. A Sociedade Amigos da América acabou sendo violentamente dissolvida pela polícia em agosto de 1944, por ser considerada crítica ao Estado Novo. A ação policial provocou a demissão de Aranha da chefia do Itamaraty, um dos mais importantes ministérios do governo. A tese da filha do presidente parecia se confirmar.

O clima de instabilidade do Estado Novo nesse ano foi abalado também pelas manifestações estudantis, com a criação da Semana Antifascista, apoiada pela UNE, com a participação de Oswaldo Aranha, do general Rabelo, do embaixador Jefferson Caffery, entre outros.

Os militares tornavam-se cada vez mais presentes nas atividades políticas, em especial depois que a FEB enviou os pracinhas para a Itália sob o comando de oficiais de alta patente.

Estávamos diante de uma situação paradoxal. As manifestações eram apoiadas e mesmo estimuladas por alguns setores do governo; e condenadas por outros. Este é um sintoma que se acentuará no conflituoso ano de 1945.

Entre fins de 1942 e 1945, o governo de Getúlio Vargas lançou mão de todos os recursos disponíveis para manter o controle na transição do autoritarismo para uma possível democracia.

O radar político de Vargas captou os problemas que adviriam com o fim da guerra e o decorrente relacionamento com os militares. Para enfrentá-los, esboçou uma estratégia olhando para um futuro não muito distante. Com o auxílio do novo Ministro do Trabalho, Alexandre Marcondes Filho, arquitetou projetos ideológicos do trabalhismo e do sindicalismo como via de promoção das obras de seu governo. Marcondes Filho era um advogado paulista que trabalhava para os empresários do Estado, o que valeu a amizade de industriais como Roberto Simonsen, presidente da Federação das Indústrias do Estado de São Paulo, e Assis Chateaubriand, o conhecido jornalista e proprietário de uma cadeia de jornais e emissoras de rádio. Não é, portanto, de se surpreender que Vargas tivesse recebido forte apoio do empresariado paulista. Ângela M. Castro Gomes assinala que Marcondes concentrou-se em três pontos na organização de bases confiáveis para Vargas: (1) atuação nas áreas de divulgação; (2) medidas dirigidas aos sindicatos; (3) juntar esses itens para construir uma cuidadosa política continuísta.[16] A autora não se esquece de que tais medidas políticas não se separavam da continuidade de obras sociais — saúde, habitação, educação —, que ampliavam as bases de um apoio sólido dos trabalhadores.

O TRABALHISMO SOB AS NÉVOAS DA GUERRA

No discurso de posse de Alexandre Marcondes Filho nos últimos dias de 1941,[17] as referências a Getúlio Vargas eram constantes. No jornal *A Noite*, o título da reportagem é notável: "Também sou um trabalhador brasileiro", dizia Marcondes, referindo-se a si mesmo como um proletário intelectual. Cita diretamente Vargas, conectando capital e trabalho: melhorando as condições do trabalhador, isto é, "o proletário valorizado como capital humano", o empresário também se beneficiaria.

Vargas usou todos os mecanismos possíveis para uma transição em moldes que atendessem a seu projeto de se manter no poder. Quando ele modificou a "Polaca" (forma pejorativa de referir-se à Constituição de 1937), suprimindo o artigo que limitava o tempo da ditadura, abriu uma caixa de Pandora militar. Como que para contrabalançar a crescente animosidade dos militares, procurou cercar-se do apoio dos trabalhadores, promulgando a Consolidação das Leis do Trabalho, a CLT. Tudo com ampla divulgação pela máquina do DIP, responsável pela montagem de "uma estratégia política, nitidamente continuísta, cuja base devia ser a organização sindical corporativa",[18] com conexão à "ideologia" trabalhista ministerial. Os discursos do ministro do Trabalho pretendiam proteger a figura de Vargas. A pauta das discussões era ampla. A ideia de formação de um partido nacional e único durou pouco no projeto de Vargas e Marcondes, que evitava usar a expressão *Estado forte* nos discursos, já que a concepção de uma democracia autoritária seria inviável em um mundo sem guerra.

Os partidos políticos já estavam sendo organizados segundo um cronograma prévio. As tropas da FEB retornavam à pátria convivendo com uma situação contraditória: desfilando como defensoras da liberdade com *slogans* antifascistas, sendo patrocinadas por uma ditadura. O curioso foi o grande e festejado desfile dos febeanos (soldados da FEB) ter contado com a presença do presidente Vargas, ovacionado com entusiasmo pela população.

Trabalhando desde abril, políticos liberais, democratas e alguns simpatizantes da esquerda formaram a União Democrática Nacional (UDN), organizada como partido e abrigando um amplo espectro ideológico. Na mesma época, também se formou o Partido Social Democrático (PSD), com participantes da cúpula burocrática do governo, de interventores e de setores da oligarquia. O Partido Trabalhista Brasileiro (PTB), que apoiava Vargas, organizou-se nos moldes do trabalhismo inglês, propondo opor-se ao Partido Comunista, que atuava no sindicalismo.

É preciso esclarecer que o Partido Social Democrático não é o mesmo que o Partido Social-Democrata, aos moldes dos partidos europeus herdeiros do movimento operário com traços socialistas. O nosso PSD (de 1945) pode ter longínquos traços de uma política de bem-estar devedora do que restou dos programas getulistas. Em termos partidários, o mais próximo a que chegamos de um partido social-democrata foi com o PTB, com todas suas singularidades, como se verá.

A guerra abria espaço para o liberalismo adotado por setores das Forças Armadas, aumentando a politização dos militares. O jornal *Correio da Manhã* publicou uma reportagem das atividades da Força Expedicionária Brasileira, ou melhor, da artilharia da FEB, no teatro de guerra italiano, em que os brasileiros lutavam. "Artilharia a serviço da infantaria", destacava o título da matéria. "O espírito da artilharia da FEB reflete o espírito liberal, nobre e esclarecido do seu jovem e ilustre comandante – General Cordeiro de Farias".[19] Era um recado que não deve ter passado despercebido a Getúlio. Cordeiro de Farias foi peça importante nos movimentos que se opuseram ao Estado Novo. Ao longo do presente livro, vimos que havia uma oposição ao liberalismo desde a Revolução de 1930. O espírito liberal era aquele do qual Vargas procurava se distanciar. Como se verá a seguir, num encontro entre o ditador e as Forças Armadas, houve elogios – talvez exagerados – dos militares a Vargas, a quem eles deporiam menos de um ano depois.

No tradicional almoço oferecido pelas Forças Armadas ao presidente no último dia de 1944, no então pomposo edifício do Automóvel Clube do Brasil, as relações entre os militares e Vargas pareciam as melhores possíveis. Segundo o *Correio da Manhã*: "As Classes Armadas – como já se tornou costume – prestaram ao presidente da República, no último dia do ano, uma homenagem coletiva de solidariedade e apoio ao seu governo".[20] À solenidade compareceram cerca de mil oficiais do Exército, da Marinha e da Aeronáutica. Vargas estava sentado à cabeceira da mesa, ladeado pelos ministros militares Eurico Gaspar Dutra, da Guerra, Aristides Guilhem, da Marinha, e o civil Salgado Filho, da Aeronáutica.

O ministro Guilhem abriu a homenagem enaltecendo o presidente. O ministro lembrou que muitos dos nossos soldados, aviadores e marinheiros estavam, desde meados de 1944, ainda na Itália combatendo as forças nazistas. Os brasileiros, segundo o ministro, lutavam ombro a ombro com outros militares das "nações unidas", expressão que os noticiários iriam utilizar cada vez com mais frequência. O presidente Franklin Roosevelt estava se preparando, no começo de 1945, para fazer uma longa e difícil viagem até a União Soviética, mais precisamente à Crimeia, para encontrar-se com Stalin e Churchill na Conferência de Yalta. Contudo, estava se preparando, também, para participar da reunião de planejamento da Organização das Nações Unidas, ou seja, a ONU. Mas tal como "Moisés, Franklin Delano Roosevelt viu a Terra Prometida, mas não lhe foi dado alcançá-la."[21] Não viu a abertura das Nações Unidas, nem o fim da guerra. Morreu em 12 de abril de 1945.

O almirante Aristides Guilhem estava usando a expressão *nações unidas* com propriedade. E prosseguiu na sua fala: "No ano que agora começa, as Classes Armadas e a Nação esperam vê-lo iluminado por atos sucessivos de sua sabedoria e do seu patriotismo, em busca da felicidade nacional."[22] O enaltecimento era exagerado, mas também podia ser entendido como uma reiteração da confiança dos militares em Getúlio Vargas. O discurso do ministro da Marinha refletia os anseios das Forças Armadas, isto é, mais e mais modernas armas vindas dos Estados Unidos ou, de preferência, fabricadas no Brasil. Aí nasce a questão: com ou sem Vargas? No momento do discurso, o ministro, provavelmente, não havia, ainda, elaborado, de forma acabada, essa pergunta. Mas ela devia estar escondida em alguma parte do seu cérebro. Ou seria do coração?

Um balanço das obras do governo se assemelhava a uma prestação de contas junto aos militares. A Usina Siderúrgica de Volta

Redonda não estava exatamente "em pleno funcionamento", mas informações sugerem testes bem-sucedidos. A Fábrica Nacional de Motores de avião e, mais tarde, de caminhão (o lendário *Fenemê*), e a Fábrica de Aviões de Lagoa Santa, em cooperação com a Curtis-Wright americana, já produziam pequenos aparelhos. O Saneamento da Baixada Fluminense e do Vale Amazônico contou com a colaboração da Fundação Rockefeller. E teve continuidade em obras de prevenção de cheias e aproveitamento do potencial hidráulico do Rio Grande do Sul. A exploração de minérios no Vale do Rio Doce — que depois se transformou na atual poderosa (e desastrosa) Vale — produzia matéria-prima para Volta Redonda e para exportação. Na mesma época, foi instalada a Escola Militar de Resende. Promoveram-se o reaparelhamento da Marinha de Guerra, com unidades de guerra adquiridas dos Estados Unidos, novos navios para a Marinha Mercante e novos aeroportos, muitos deles já começavam a ser devolvidos pelas Forças Armadas americanas: o fim da guerra estava próximo. As obras se estenderam a sanatórios, hospitais, escolas técnicas, uma Universidade Rural, usinas de alumínio e cobre. O espaço vazio do oeste do país foi contemplado com a colonização nos vales do Araguaia e Xingu. Teve início também a construção da barragem do Vale do São Francisco, que tinha como modelo o projeto do *New Deal* de Roosevelt para a região do Tennessee nos Estados Unidos.

Se, por um lado, aos ouvidos do general Góes Monteiro, as obras do governo Vargas soavam como música de grandes mestres, por outro, ele temia a permanência e o crescimento da popularidade do ditador, que ofuscava seus projetos secretos de ocupar o lugar do presidente. Tanto o general Góes Monteiro, chefe do Estado Maior, como o general Eurico G. Dutra, ministro da Guerra, envolviam-se, cada vez mais, na política.

Obras e feitos materiais foram lembrados no discurso do presidente no Automóvel Clube que se seguiu ao do almirante. O destaque da fala de Vargas ficou no campo da política, quando anunciou a reforma constitucional que previa eleições no prazo de 90 dias. Tudo isso havia sido feito no "fecundo ano de 1944". Alguns militares encaravam — com parcela de razão — uma nova investida de Vargas e seguidores, como uma política continuísta. Queremismo, palavra nova no nosso dicionário político, derivou de manifestações populares apoiando Getúlio sob o *slogan* "Queremos Getúlio". O Partido Comunista, às vésperas de ser legalizado, pretendia pegar carona na ideia de uma continuação do governo Vargas. Os militares temiam essa possibilidade. Por isso, o discurso de Vargas queria convencer os quartéis de que só as perturbações demagógicas e as ameaças à tranquilidade pública — leiam-se: ações de comunistas e radicais que ameaçavam a ordem — poderiam dificultar o bom entendimento na sociedade brasileira. Apenas com o ambiente pacífico o país poderia realizar o que o jornal *Correio da Manhã* chamou de "a obra de complementação constitucional prevista por meio de uma ampla e livre consulta à opinião pública."[23] Quanto mais Vargas salientava sua oposição aos comunistas, ou melhor, seu anticomunismo, mais os militares interpretavam como atos diversionistas. Sinais de crise desagregadora do Estado Novo em 1945.

Vargas preparava, a seu modo, as modificações na Constituição com o objetivo de adaptá-la, e não exatamente de extingui-la, à conjuntura do novo mundo que se anunciava. O panorama político não era nada simples e ficou mais complicado quando o presidente tornou público em discurso, a 11 de março de 1945, que não seria candidato à reeleição. Não convenceu seus oponentes. Os jornais começaram a achar brechas para fazer críticas diretas ou indiretas ao regime do Estado Novo. As declarações críticas de Maurício Lacerda e de Flores da Cunha no começo de 1945 foram praticamente simultâneas à entrevista de José Américo de Almeida ao *Correio da Manhã* de 22 de fevereiro, opondo-se a Getúlio Vargas e ao Estado Novo. O veterano tenentista civil de 1930 fez longa declaração, analisando as falhas da ditadura. E ele expôs os arranjos que se faziam clandestinamente para a continuidade da ditadura sob nova roupagem. "Forja-se um método destinado a legalizar poderes vigentes, a manter interventores e demais autoridades políticas."[24] José Américo chamava a atenção do leitor para os perigos de um governo que ocupa por muito tempo o poder: "[...] a longa prática do poder, sobretudo de um poder discricionário, vicia os seus elementos políticos e administrativos, incapacitando-os, perante a opinião, para uma obra de renovação cívica e material".[25]

Os jornais, "porta-vozes informais" do governo – o que ocorria, até então, graças à vigilante atuação da censura –, passaram a veicular duras e contínuas críticas à ditadura. Foi o caso, como vimos, do *Correio da Manhã*, que rompeu abertamente com as regras autoritárias.

O presidente tentava reforçar o seu capital político para se defender e atacar seus oponentes. Ele e seus assessores não esqueciam que Roosevelt havia dito no encontro em Natal que contava com Vargas quando a guerra terminasse. Além disso, o Brasil estava construindo a sonhada usina de aço, tão esperada pelos militares graças à ajuda financeira dos americanos. Tudo isso fazia Vargas confiar nos Estados Unidos.

O Estado Novo procurava se adaptar à força transformadora que emergia do mundo com o fim próximo da guerra. Era difícil formular uma estratégia que fizesse frente a esse mundo novo cheio de opositores, de amigos, de inimigos, de antigos aliados pressionando o governo para que definisse o caminho, cujo único – e difícil – objetivo era formular as condições da transição de uma ditadura a um governo democrático.

Vargas estava em Petrópolis comemorando seu aniversário em família, que coincidentemente se deu na mesma época em que os partidos se formavam. O jornalista José Soares Maciel Filho, que estava presente, perguntou: "Dr. Getúlio, nós, seus amigos, não merecemos o castigo que nos quer impor. Por que não se decide logo se candidatar e acabar com essa guerra de nervos?" A resposta de Vargas foi de uma pessoa em um profundo dilema pessoal: "Você está vendo um homem que não sabe mais qual é seu dever. [...]. Mas, minha vontade é renunciar, entregando o governo [...]. Se eu fizer isso deixarei um rastilho de pólvora."[26]

A formação de partidos nacionais era mais um indicador das mudanças que ocorriam em 1945. A proposta de lei eleitoral elaborada por Marcondes Filho, que sugeria a possível candidatura de Vargas, encontrou resistência até por parte de setores próximos ao presidente. Uma alternativa foi uma versão do código eleitoral de Agamenon Magalhães, político hábil, interventor em Pernambuco, que tinha ligações próximas a militares e era amigo do brigadeiro e candidato da UDN, Eduardo Gomes. Agamenon tomou posse no Ministério da Justiça e deu continuidade a seu projeto, que incluía o voto secreto e a justiça eleitoral. Vargas avaliava que a proposta de Agamenon o deixava mais exposto frente aos militares,[27] enquanto a de Marcondes Filho envolvia a liderança das classes trabalhadoras, sindicalistas que participavam na formação do PTB, o que fazia o presidente sentir-se mais protegido. A complexa conjuntura favoreceu, assim, a formação dos partidos políticos nacionais, superando, em parte, a tradição regionalista.

Um grande projeto alternativo para destravar o nó górdio do Estado Novo foi sugerido pelo mesmo Maciel Filho, que, aliás, desempenhou papel importante no segundo governo Vargas. O jornalista escreveu ao ministro do Trabalho, Marcondes Filho, analisando o quadro político, e concluiu que o presidente estava repetindo uma estratégia envelhecida que não dava mais conta do mundo novo.[28] Talvez uma versão mais "moderna" do corporativismo sindical pudesse, segundo o ministro, ser uma solução. Muitos duvidavam. A politização dos militares era um componente imprescindível para entender a crescente suspeita por parte das Forças Armadas, mas escapava à percepção e à avaliação do ministro do Trabalho. Este era o momento em que o nome do brigadeiro Eduardo Gomes já vinha sendo repetido desde a base aérea de Parnamirim Field, em Natal, no Rio Grande do Norte, até Porto Alegre, no Rio Grande do Sul. Ironicamente, poucos dias depois do aniversário de Vargas, num domingo em abril de 1945, o *Correio da Manhã* publicou a manchete: "Da Esquerda à direita, todos os democratas se unem na UDN."[29] Vargas deve ter sentido um gosto amargo de derrota. O brigadeiro Eduardo Gomes dera o primeiro passo. Esta era a hora de o presidente planejar a formação de agremiações políticas de âmbito nacional. Insistia também em um partido que lhe fosse tão próximo que poderia ser chamado de "seu próprio partido". É importante lembrar que o PSD era cria de Vargas, embora ele nunca tenha se filiado ao partido. Fundado em meados de 1945, era um partido que controlava "uma sólida infraestrutura administrativa clientelista nos diversos estados da federação".[30]

Vale revisitar a formação dos primeiros partidos mais importantes. O Partido Social Democrático nasceu no fértil campo dos herdeiros de interventores estaduais. Obra de Vargas, como dito, o partido apoiou a candidatura do ministro da Guerra, general Eurico Gaspar Dutra.[31] Faltava, por assim dizer, um partido popular, de cunho trabalhista, com o objetivo de mobilizar as massas trabalhadoras urbanas. A criação do Partido Trabalhista Brasileiro pretendia neutralizar a atuação do Partido Comunista na arregimentação de operários. Embora essa não fosse a principal estratégia dos trabalhistas, o PTB, algumas vezes, aliou-se taticamente ao Partido Comunista em função da conjuntura. O sindicato era a base dos petebistas, como se verá a seguir nas palavras de Afonso Arinos. O petebismo se confundia com o getulismo.

O PTB somado ao PSD era o continuísmo mesclado com a ideia de transformação. Vargas calculou que assim poderia se aproximar das liberdades democráticas, sem desmontar inteiramente os mecanismos do Estado autoritário que apontava para a modernização do país.[32] Isto é, a obra de Vargas foi analisada como uma transição pelo alto ou transformação conservadora. Havia, pode-se dizer, uma oportuna e surda cumplicidade de Vargas com os militares e o grupo político reunido no grande partido de oposição, que era a UDN. Tende-se a concordar com a ideia de que Vargas, mesmo sendo ameaçado pela força militar – quando os tanques de guerra da Vila Militar cercaram o palácio da Guanabara, como se verá na seção "Um beijo" –, conseguiu se manter como "interlocutor-chave" na passagem para o novo regime, o que lhe facultou a manutenção de sua máquina política. Confiava mais nos trabalhadores do que nos pares da sua classe.

Para Afonso Arinos de Melo Franco, um udenista histórico, o PTB era o partido do próprio Vargas concebido para fazer dupla com o PSD, opção ao inviável partido único sonhado pelo presidente.

Eis uma propaganda do PTB, nascido na primeira metade de 1945. Note-se que não menciona o comunismo:

> Trabalhadores! Defende os teus direitos ingressando no Partido Trabalhista Brasileiro. Trabalhador de todos os rincões da pátria sob o governo do Presidente Getúlio Vargas, foste beneficiado pela mais perfeita de todas as legislações trabalhistas, reconhecida como tal no mundo inteiro. Teus direitos e tuas conquistas aí estão convertidos em lei, destinada a garantir o teu pão, a amparar a tua velhice, a educar teus filhos.[33]

Militares do alto escalão não se deixaram seduzir por documentos como o da fundação do PTB. Em depoimento, cerca de 30 anos depois, o general (já marechal) Cordeiro de Farias asseverava que: "Ao queremismo, juntava-se a Constituinte com Getúlio [...]". E para ele foi assim que se deu "a gênese do Partido Trabalhista Brasileiro, o PTB, que nasceu ligado aos comunistas [...]", composição inaceitável para "a classe militar". Havia, nas palavras de Cordeiro:

[...] um consenso entre os militares de que não era possível a continuação do presidente, principalmente devido a suas ligações com o Partido Comunista. Tais ligações eram absolutamente claras e ostensivas, pois Prestes já o acompanhava aos comícios. Tínhamos, portanto, autoridade para atiçar o ânimo dos militares.[34]

É preciso levar em conta que o depoimento do marechal Cordeiro de Farias, figura de destaque no golpe de 1964, foi feito no governo do general João Batista Figueiredo (1980-5), portanto, ainda sob o domínio dos militares que depuseram João Goulart do PTB. Talvez por isso Cordeiro de Farias pinta com cores mais fortes a relação entre Vargas e o PCB. Vargas, sabe-se, não era comunista, mas era tido como um hábil manipulador das oportunidades políticas em seu favor. Embora seja um depoimento numa forma bastante pessoal, pode-se concluir que Vargas e o PTB não tinham a intimidade com o PC anunciada por Cordeiro de Farias. Ainda assim, não era muito difícil interpretar as ações do presidente como um caminho aberto ao comunismo. Pelo menos entre os oficiais militares e os antigos liberais que haviam dado respaldo a Vargas para consumar o golpe de 1937.

Para construir o PTB, seu partido, Vargas precisou contornar obstáculos do porte da recém-formada UDN, que lançou, como vimos, Eduardo Gomes, em nome da democracia e do liberalismo. A UDN se fortalecia não só com o nome do brigadeiro, mas igualmente com uma feroz articulação de uma campanha contra qualquer grupo que tivesse a menor ligação com o nome de Getúlio.

NACIONALISMO

A chamada Lei Malaia, ou Lei dos Atos Contrários à Economia Nacional, de junho de 1945, permitia ao governo brasileiro intervir em empresas brasileiras ou estrangeiras que estivessem organizadas em cartéis ou trustes. No mesmo período, foi organizado o Conselho Administrativo de Defesa Econômica (Cade), instituição com poderes de intervenção em empresas consideradas ameaçadoras para a nossa economia.[35] Eram medidas de claro caráter nacionalista.

Pouco antes de deixar o posto de embaixador em Washington, Carlos Martins se comunicou com Vargas, alertando que o governo estadunidense considerava a Lei Malaia um ato antiliberal e prejudicial ao comércio americano com o Brasil. A guerra obrigou mudanças na política social do *New Deal*. Na verdade, as reformas sociais de Roosevelt foram interrompidas. O centro da preocupação era a produção de armas para a luta contra a Alemanha e o Japão. A sociedade do bem-estar sonhada por Roosevelt foi adiada para quando a guerra acabasse.

Muitos americanos imaginaram que Roosevelt tinha acumulado poderes comparáveis a governos fortes. E viam na política nacionalista do governo brasileiro algo que lembrava as ditaduras nazistas e fascistas.

Os grandes empresários americanos e brasileiros estimulavam esse tipo de raciocínio simplista. Essa lógica foi usada pelo jornalista e empresário Assis Chateaubriand. No começo da década de 1950, num almoço oferecido no Rio de Janeiro a Nelson Aldrich Rockefeller, Chateaubriand (Chatô, como era conhecido) fez um pronunciamento afirmando que Roosevelt não passou de um Getúlio, um tirano paraguaio ou nazista.[36] Daí a vulgarização do pensamento de Friedrich Hayek, para quem a presença do Estado na vida econômica e social conduzia à tirania, à opressão e à moderna servidão.[37]

Ora, a reação à citada Lei Malaia confirmava essa ideia que estava se sedimentando na cultura política americana e, em parte, da sociedade brasileira. O nacionalismo estava relacionado ao totalitarismo.

Tal pensamento foi "aperfeiçoado" pelo general Cordeiro de Farias. Vale lembrar que ele frequentou as escolas militares

americanas e dividiu a trincheira na Itália com oficiais estadunidenses na luta contra o totalitarismo nazifascista. Por capilaridade,
Cordeiro de Farias incorporou a fórmula nacionalismo = totalitarismo. O general completou a fórmula: Vargas, visto pelos militares
como líder simpático ao totalitarismo e, portanto, ao comunismo.
Eis a equação: nacionalismo = totalitarismo = comunismo. Por
isso, pensavam os militares, Vargas atraía os comunistas que apro-
veitavam a popularidade do ditador para se aproximarem ainda
mais da massa de trabalhadores urbanos que transitavam entre o
PTB e o PCB.

Aos *policy makers* e aos analistas americanos não foi muito difícil
fazer a conexão entre política nacionalista e totalitarismo, no exato
momento em que o Estado Novo estava mudando de rumo. Ora,
pode-se dizer que as "sobras" do Estado Novo se enquadravam na
cômoda tese do nacionalismo = totalitarismo. Tese aplaudida pelos
liberais brasileiros, antigos ou novos que recebiam palavras e ações
de incentivo de altos funcionários americanos e de militares brasileiros. Esse foi o caso de Edward Stettinius Jr., secretário de Estado que
saiu da Conferência de Yalta (na Crimeia Soviética) e veio, sob as ordens de Roosevelt, direto para o Rio de Janeiro para deixar claro que
o Estado Novo havia esgotado sua "missão". Ele chegou da União
Soviética no dia 17 de janeiro de 1945 e foi jantar com Vargas em
Petrópolis. Depois das amenidades e das formalidades de praxe, eles
discutiram em comum acordo várias questões de interesse mútuo.

O secretário deu longa explicação do funcionamento da projetada Organização das Nações Unidas (ONU), marcada para ter a
sessão de abertura na cidade de São Francisco. Discutiram também
a futura Organização dos Estados Americanos (OEA). Stettinius pediu que o governo brasileiro reconhecesse a União Soviética. Mas o
recado implícito era um só: a ditadura precisava acabar.

Algum tempo depois, precisamente no dia 29 de setembro, um
mês antes do golpe que depôs Vargas, Adolf Berle, novo embaixador

americano no Brasil, fez um discurso considerado, com certo exagero, uma interferência na política de um país soberano. A conjuntura era muito especial. O Japão, depois de sofrer ataques de duas bombas atômicas, rendeu-se no começo de setembro de 1945. A guerra mais destrutiva da história do mundo havia acabado. Os Estados Unidos queriam garantir a expansão do seu modelo de democracia num mundo livre, seguindo algumas ideias de Roosevelt, morto em abril do mesmo ano. Berle foi convidado pelo Sindicato dos Jornalistas a falar da América democrática, em Petrópolis, no icônico Hotel Quitandinha. Ele começou dizendo que as relações entre Estados Unidos e Brasil nunca foram tão estreitas e, com a guerra, a amizade foi marcada pelo sacrifício de sangue nas batalhas na Europa. Seguiu repetindo Roosevelt com as "quatro liberdades" (liberdade de opinião, estar livre do medo, da privação e liberdade religiosa), que seriam alcançadas graças à cooperação entre os dois países. "Tudo isso esperamos realizar através do acordo entre as Nações, agindo elas por intermédio de governos eleitos por seus povos [...]."[38] Elogiou a liberdade de que o Brasil desfrutava sob lideranças respeitadas pelos Estados Unidos. Berle não deixou de exaltar o modelo americano. Mas o ponto alto e controvertido foi o conjunto de comentários à reforma da Constituição: "Uma democracia se organiza justamente por uma Constituição."[39] Ele continuou até esclarecer que a experiência democrática era de valor incalculável, desde que a lei garantisse o autogoverno eleito democraticamente. Um embaixador estrangeiro, americano no caso, estava indicando possíveis soluções para resolver nossos problemas domésticos. O presidente Getúlio Vargas ouviu, de fontes indiretas, e condenou as palavras de Berle, dizendo que não precisava de conselhos de estrangeiros. O discurso foi condenado também por remanescentes do integralismo, no que foram seguidos pelos comunistas. Os argumentos eram semelhantes: o imperialismo norte-americano estava tentando impedir Vargas de continuar no poder, o que, em parte, era verdade.

Adolf Berle fazia parte do *brain trust,* o grupo mais influente que assessorava Franklin Roosevelt desde os primeiros dias do *New Deal.* Foi escolhido para participar do governo americano por ter escrito um livro, em coautoria com Gardiner Means, intitulado *The Modern Corporation and the Private Property,* em que faz uma importante análise sobre o papel das grandes corporações, destacando o imenso poder que as empresas americanas adquiriram. Berle trabalhou em vários setores da administração Roosevelt, principalmente como subsecretário de Estado para a América Latina. Daí sua indicação para o cargo de embaixador no Rio de Janeiro no começo de 1945.

Em Petrópolis, o embaixador Berle se animou ao fazer o discurso que, como se viu, parecia ter ofendido Vargas e o Brasil, mas o possível desentendimento diplomático foi logo contornado em encontro do embaixador com o presidente. Em um registro posterior em seu diário, Berle comentou que a deposição de Vargas havia sido uma tragédia. A seu modo, disse ele, Vargas tinha feito mais pelo Brasil do qualquer outro presidente. Seu discurso não tinha sido depreciativo e, segundo ele, só defendeu governos democráticos, mas não era contra Vargas.[40] A democracia estava na moda.

O FIM À VISTA

Em retrospectiva, deve-se lembrar de que em agosto de 1942, o Brasil declarou guerra ao Eixo. Submarinos nazistas afundaram navios brasileiros com muitas vítimas. A indignação, bem como a revolta da população, foi geral. Nesse cenário, Getúlio Vargas entendeu que a guerra criara a oportunidade para suprimir o artigo 175 da Constituição de 1937. O artigo estabelecia que a ditadura seria encerrada a 10 de novembro de 1943. Assim, Getúlio ficaria no poder por prazo indeterminado. Ou melhor, até o término da guerra, segundo suas intenções. Nesse ínterim, o sistema varguista foi procurando caminhos para uma transição continuísta. Procura dramática e intrincada.

Em 1945, esse projeto tornou ainda mais tensa a relação com as oposições ao Estado Novo organizadas de forma clandestina e, aos poucos, abertamente. Do lado do governo, Vargas e seus seguidores incentivavam movimentos como o Queremismo, seguido do Constituição com Getúlio, ambos como alternativa de manter Vargas no poder, agora com o apoio do Partido Comunista. O presidente parecia não se opor aos antigos inimigos, o que era impensável para os militares que redobravam a vigilância aos comunistas e ao governo. Mesmo assim, Getúlio calculou que tinha a possibilidade de "remodelar" a ditadura. O que ele precisava era discernir *possibilidade* de *intenção*.[41]

Os militares já estavam se preparando para solucionar o enigma. O general Góes Monteiro estava fora do país, trabalhando no Uruguai junto à nossa embaixada. Em Montevidéu, ouviu rumores de descontentamento no Brasil, em especial de oficiais em postos de comando estacionados no Nordeste. Quando Góes soube da exoneração de Oswaldo Aranha, voltou o mais rápido possível para o Rio de Janeiro.

Ao chegar à capital federal, no começo de novembro de 1944, foi imediatamente ter com o ministro da Guerra, general Dutra. Acompanhou-o a um almoço de oficiais das Forças Armadas no Iate Clube, na enseada do Botafogo. Durante o ágape, Góes, por meio de conversas com colegas de diversas armas, teve uma visão mais ampla "[...] do descontentamento da tropa – descontentamento generalizado, aliás, em todos os círculos sociais e políticos".[42]

Depois do almoço, encontrou Vargas no Palácio Guanabara. Foi franco, como sempre, e manifestou sua preocupação com a situação política do país. A insatisfação das Forças Armadas foi o centro da conversa. Góes usou, por último, um argumento que tornar-se-ia lugar-comum, principalmente nos meios acadêmicos: se os soldados brasileiros foram combater o totalitarismo no estrangeiro, por que mantê-lo no Brasil? E acrescentou que havia voltado do Uruguai para acabar com o Estado Novo. Todos os que passaram a se opor ao Estado Novo usavam e abusavam do termo *totalitarismo*.

Embora já se tenha discutido o controverso conceito de totalitarismo, vale retomá-lo para uma compreensão mais ampla do sentido dado por Góes Monteiro (e por Dutra) ao termo. A consagrada interpretação de Arendt imortalizou o conceito de totalitarismo. Hannah Arendt, no clássico *Origens do totalitarismo*, já ao final da obra, afirma que o totalitarismo é diferente de outras formas de Estados opressivos. Sugere não tomar totalitarismo por tirania, autoritarismo, despotismo ou autocracia. O totalitarismo no poder destruiu as tradições sociais e culturais; transformou classes em massas. O totalitarismo possui poder arbitrário e sem leis, e tem por objetivo "transformar a espécie humana em portadora ativa e inquebrantável de uma lei que somente à qual os seres humanos passiva e relutantemente se submeteriam". Ela assevera que: "enquanto o governo totalitário não conquista toda a terra e, com cinturão de ferro do terror, não transforma cada homem em parte de uma humanidade única [...] sua função de governo [...] não pode ser completamente realizado[a]". Estado totalitário visava abertamente ao domínio mundial.[43]

É notável como o general/candidato Eurico Gaspar Dutra explicou com clareza como o Estado Novo não poderia ser considerado um Estado totalitário. A declaração do general lembra o texto da filósofa alemã escrito cerca de cinco anos depois. Ele afirmou que a "Constituição de 1937 tinha, assim, uma característica essencial, para instituir um governo forte que pudesse [...] resolver o problema político de nossa unidade e de nossa segurança gravemente atingidas [...]." Ao mesmo tempo, o governo não descurou de "pôr mãos à obra de empreendimentos [...] de transcendental importância para a economia, a defesa e a cultura da nação". O que chama mais a atenção é a abordagem dada à discussão sobre o totalitarismo, conceito usado e abusado, tanto na época como atualmente. Ele diz, na declaração, que é preciso: "[...] desfazer uma das mais insistentes objeções [...] contra a Constituição de 1937, a saber: a afirmativa de que ela é uma Constituição do tipo totalitário". Ele explica que a existência de um governo forte "não induz, de modo nenhum, à ideia totalitária". O totalitarismo, segundo o general, adota uma filosofia tirânica de existência, "impondo um certo gênero de vida" que envolve todos os níveis de existência humana, inclusive o espiritual. "Um regime dessa natureza, de feição fascista, ou nazista, ou de outra feição qualquer não teria jamais cabimento em nosso país".[44]

ESQUERDA, DIREITA, TOTALITÁRIO, CENTRO OU LIBERAL?

Não é, como se vê, tarefa fácil enquadrar o Estado Novo no conceito de totalitarismo. Tampouco é tarefa fácil usar o conceito de *liberal* para identificar, por exemplo, a "ideologia" de um general.

Os que até então tinham apoiado ardentemente o Estado autoritário de Vargas, agora, procuravam meios de depor o ditador e instituir uma democracia liberal. Ao mesmo tempo, o nacionalismo autoritário do governo era, com certa facilidade retórica, travestido de totalitarismo e/ou tirania. Esse malabarismo teórico era, em parte, devedor dos funcionários *new dealers* sobreviventes do governo Roosevelt, que formataram o conceito até o ponto de transformar *nacionalismo* em *comunismo* e/ou *totalitarismo*. Crentes dessa equação não faltavam entre parcela da classe média, mas não chegava a atingir os trabalhadores urbanos envoltos no manto "impermeável" da política corporativa do Ministério do Trabalho. Por isso, foi relativamente fácil ao general Góes Monteiro dizer que o Estado Novo era um Estado totalitário. O público-alvo não correspondia aos trabalhadores, por certo, que em grande parte permanecia fiel a Getúlio. A afirmação do general foi respondida com uma arguta pergunta feita pelo presidente: o que Góes sugeria naquele momento para resolver o impasse? Góes, sem vacilar, respondeu que se decretasse imediatamente a constitucionalização do país. Tem razão Lira Neto, biógrafo de Vargas, quando asseverou que o general, sem perceber, deixou escapar a sua tendência autoritária ao propor que a Constituinte fosse implantada por decreto.[45] A ditadura, que já não era mais uma ditadura, estava jogando suas últimas cartas.

UM BEIJO

O núcleo dos arranjos clandestinos da conjuração se localizava principalmente nos quartéis e contaminava os meios civis, cansados da ditadura. A oposição ao Estado Novo pode ser identificada em vários sinais desde 1943: no Manifesto dos Mineiros, na fundação da Sociedade Amigos da América, no I Congresso Brasileiro de Escritores, realizado no Teatro Municipal de São Paulo, entre 22 e 26 de janeiro de 1945. A iniciativa coube a escritores consagrados. Não houve repressão. Jorge Amado, romancista filiado ao Partido Comunista e ardoroso militante, desprezou as diretivas do Partido e valorizou a liberdade de criação. O mais popularizado sinal foi a famosa entrevista de José Américo de Almeida a Carlos Lacerda, publicada no *Correio da Manhã*, que passou pela censura do DIP.

A grande conspiração nasceu no seio dos militares de alta patente, vale dizer, Góes Monteiro e Eurico Gaspar Dutra, com clara intenção de evitar que Vargas desse um golpe, possibilidade praticamente nula. Os militares sabiam que Vargas não tinha nenhuma inclinação comunista, mas sabiam também que ele era um hábil jogador no tabuleiro político do país. Poderia, pensavam os militares, fazer um "casamento" de conveniências com o PC para permanecer no poder. A força militar com a qual Vargas poderia contar, por exemplo, a Vila Militar do Distrito Federal, foi rapidamente neutralizada pela Divisão Blindada. As informações sobre a possibilidade de resistência de Vargas são contraditórias. Alzira, a filha de Vargas, afirmou numa entrevista na década de 1960 que o presidente tinha condições de resistir ao golpe dos militares, versão confirmada, na mesma época, pelo general Renato Paquete, comandante da Vila Militar, sabidamente apoiador de Vargas.[46] Paquete afirmou que o presidente se recusou a usar a força disponível para evitar derramamento de sangue patrício.

A criação da Organização das Nações Unidas, somada à superarma atômica, dava aos Estados Unidos a expectativa de convivência pacífica com os comunistas da União Soviética, já anunciada na Conferência de Yalta no começo de 1945. Por isso, é compreensível a presença de socialistas e mesmo de alguns comunistas nas fileiras da UDN. Isso também ajuda a explicar a presença de Luís Carlos Prestes fotografado, em abril do conturbado 1945, no terraço da embaixada americana ao lado de Adolf Berle, o novo embaixador estadunidense no Rio. Herdeiro do wilsonianismo, Roosevelt tentava criar uma ordem mundial baseada na fé americana, na natureza pacífica da humanidade. Stalin e Churchill, cada um a seu modo, não concordavam inteiramente com o estadunidense. Esse mundo ideal quase não durou no ideário utópico de uns poucos americanos.

Ao Brasil não restavam muitas alternativas, se não concordar com algumas propostas da política americana. E quando nosso país deu sinais de uma certa autonomia, a crítica do Departamento de Estado chegou rapidamente, como aconteceu no caso da chamada Lei Malaia. Por um átimo de tempo, o gesto do líder comunista, visto na imagem de Prestes na embaixada americana, aproximava-se mais da liderança udenista do que do governo Vargas. Sinais de que o Estado Novo já não era mais o mesmo. As contradições podem também ser entendidas com outra representação, quando se observa a imagem de Prestes, agora com Vargas, ambos sorrindo, na tentativa de os comunistas formarem uma União Nacional – logo ofuscada por outra União, a democrática nacional, a UDN, mais articulada do que a efêmera aliança de Vargas e Prestes.

As armações articuladas por Vargas indicavam, como já visto, a fragilidade da estrutura estado-novista. Talvez bastasse um pequeno incidente para desmantelar a ditadura. A conjuntura era propícia, mesmo com Getúlio recebendo demonstração de apoio num comício, nos jardins do Palácio Guanabara, para uma significativa plateia de queremistas. Aliás, esse tipo de demonstração – organizada com o apoio do Partido Comunista – só acentuava a crescente desconfiança dos militares. Para eles, a deposição de Vargas era a única solução para impedir o crescente clima de insegurança e agitação política. A conspiração para tirar o ditador do poder contava com a participação de amplos setores da elite política e militar do país.

O incidente, ou "acidente", que derrubou Getúlio Vargas foi a nomeação do irmão Benjamim Vargas, conhecido como Bejo, para a chefia da Polícia do Distrito Federal, cargo que na época era de grande importância para a segurança nacional.

A chefia da polícia do distrito federal era ocupada até então por João Alberto, velho militante do Tenentismo. Quando Getúlio convidou-o, ele aceitou, por considerar a função um dos degraus para cargos mais elevados, como prefeito do Distrito Federal, posição que se acreditava ser um passo para a presidência.

Outubro de 1945 era um mês de mudanças num ano instável. A maior guerra da história havia acabado. A guerra transformou os Estados Unidos na grande potência industrial do planeta. Melhor seria dizer superpotência, com inigualável progresso material. Harry Truman, sucessor de Roosevelt, apoiou-se na superioridade de seu país e enfrentou de forma mais dura a União Soviética. Sinais do início dos conflitos entre Ocidente e Oriente.

O ambiente era, pode-se dizer, inadequado para a permanência de um governo não democrático. Pode-se também dizer que o Estado Novo já não era mais uma ditadura no sentido estrito.

Na manhã de 29 de outubro, Góes Monteiro – agora ministro da Guerra, pois Dutra se desincompatibilizou para concorrer à eleição – foi informado de que João Alberto pedira demissão da chefia da polícia do Distrito Federal, órgão ligado ao Ministério da Guerra. Para o posto vacante, o presidente nomeou Benjamim Vargas, o Bejo. O ministro ficou surpreso e furioso. Para ele, era mais um sinal de que Getúlio queria se perpetuar no poder. O ministro demitiu-se, ou pensou em demitir-se, pois alguns generais, entre eles Cordeiro de Farias, demoveu Góes da decisão e pediu que ele ficasse no cargo até o anoitecer. Pode-se dizer que os militares formaram uma espécie de governo paralelo ao confabular a melhor forma de tirar Vargas do Guanabara. Dessa forma, Góes tinha, na prática, poderes de chefe supremo das Forças Armadas, posto que, a rigor, era prerrogativa do presidente da República. Há nas fontes pesquisadas diversas versões da articulação que resultou na deposição de Vargas. A mais imaginativa é a da filha de Vargas, Alzira, que descreve as idas e vindas dos protagonistas da pantomina. Benjamim, segundo ela e outras testemunhas, acompanhado de Agamenon Magalhães, ministro da Justiça, fez várias viagens entre o Ministério da Guerra e o Palácio Guanabara, ora acompanhados pelo general Cordeiro de Farias, ora pelo general Firmo Freire, chefe do Gabinete Militar da presidência da República. O general Dutra, recém-demissionário do Ministério da Guerra e recém-candidato pelo PSD à presidência da República, chegou apressado ao seu antigo gabinete. De lá, seguindo sugestão de Góes Monteiro, fez também uma viagem até o Palácio Guanabara para conferenciar com o futuro ex-presidente/ditador. O brigadeiro Eduardo Gomes, o outro candidato à presidência pela UDN, também compareceu ao Ministério da Guerra. Aparentemente, não faltava mais ninguém na conspirata. Passo a palavra a Alzira Vargas do

A GUERRA MUNDIAL, OS IMPASSES DO AUTORITARISMO E O GOLPE DE 1945 | **141**

Amaral Peixoto: *"Às sete horas da noite, quando Dutra penetrou no Palácio Guanabara, este estava cercado de tanques por todos os lados, até dentro do jardim."*[47] Tropas ocupavam pontos estratégicos do Rio de Janeiro, enquanto o general Dutra transmitia ao ditador que os militares de alta patente exigiam que abandonasse o cargo. De certa forma, Vargas anuiu e a concordância foi testemunhada, de oitiva, por Alzira: "Se não posso nomear um chefe de polícia de minha confiança, não sou mais presidente."[48] A narrativa de Alzira continua:

> Agamenon Magalhães fora mantido como refém no Ministério da Guerra até a volta de Dutra. Escapou com a chegada deste, para ir ao Guanabara saber de Vargas como deveria agir e comunicar que Oswaldo Cordeiro de Farias, portador de um ultimato dos generais [...], estava a caminho. Cordeiro entrou no gabinete de Getúlio, escoltado pelo General Firmo Freire [...] e pelo ex-provável Chefe de Polícia, o indignado e "perigoso" Benjamim Vargas.[49]

Segundo a filha do presidente, Cordeiro de Farias trouxe o ultimato dos generais e Getúlio respondeu que preferia que os militares tivessem usado a violência, mas, como era um golpe branco, ele se retiraria para São Borja. Volto à narrativa de Alzira:

> Cordeiro de Farias saiu acompanhado por Agamenon, em direção ao Ministério da Guerra onde se desenrolaria o penúltimo episódio dessa comédia. Agamenon semiprisioneiro dos generais, com lápis e papel na mão, decidiu a parada usando apenas a inteligência. Estava tudo preparado para um golpe à la *Góes*. *Redigindo o texto da renúncia de Vargas, subitamente, Agamenon pareceu hesitar por um segundo "... e passará o governo a...".* Dirigiu-se ao Brigadeiro Eduardo Gomes e fez a inocente pergunta: "ao poder Judiciário, não é essa a tese de seu partido?" Todos foram obrigados a concordar e assim, em cinco minutos, a Presidência da República fugiu das mãos do General Góes Monteiro e foi cair docemente no regaço do Ministro José Linhares.[50]

José Linhares era o presidente do Supremo Tribunal Federal desde 1937. A tese da UDN era a de que a vacância da presidência da República fosse preenchida por um jurista da mais alta magistratura da justiça federal. Isso porque a Constituição do Estado Novo não previra o cargo de vice-presidente. Como presidente, Linhares agiu de acordo com os parâmetros da Constituição do Estado Novo. Reafirmou a realização das eleições gerais no dia 2 de dezembro de 1945 e a convocação de Assembleia Constituinte.

Os militares concordaram que Getúlio Vargas se "exilasse" na fazenda Santos Reis em São Borja, no Rio Grande do Sul. E deram garantias à família. Sob o comando de Alzira e da mãe Darcy, os funcionários desmontaram a casa (no Palácio Guanabara), garantindo todos os bens reunidos desde 1930. As eleições, etapa básica para o que se chamou de democracia liberal, continuaram a ser preparadas em parte pelo Judiciário e, em parte, pelos mecanismos eleitorais herdados do Estado Novo. Em novembro Dutra recebeu, desde os pampas, renovado apoio de Vargas à sua candidatura, interpretada pela UDN como uma criação de Vargas para dividir as Forças Armadas. Ao mesmo tempo, o ex-presidente assegurou que jamais assinara carta de renúncia, o que transformava a narrativa de Alzira em ficção.

O Partido Comunista lançou candidatura própria, escorado em algumas circunstâncias: o fracasso do Queremismo, que apoiava a continuidade de Vargas, a popularidade de Luís Carlos Prestes e o grande sucesso das vitórias do Exército Vermelho. A União Soviética pagou alto preço em termos de vidas humanas e em termos materiais para destruir a poderosa máquina militar nazista. Por isso, ganhou a simpatia de muitos brasileiros. Prestes se candidatou ao Senado, e o desconhecido Yedo Fiuza à presidência. As eleições realizadas a 2 de dezembro deram a vitória ao general Dutra, candidato da aliança PSD-PTB, com mais de 55% dos votos. Eduardo Gomes, da UDN, obteve quase 35% dos votos. E o candidato do Partido Comunista chegou a quase 10% dos votos.

A Guerra Mundial, os impasses do autoritarismo e o golpe de 1945

Foi em fins de 1945 que a deposição de Vargas serviu como tema do espírito bem-humorado do Carnaval carioca. A canção "Seu beijo", sem autoria conhecida, tem uma letra que pode ser considerada uma síntese da trágica comédia:

Seu beijo

Foi seu beijo
Foi seu beijo
Foi seu beijo que estragou
Foi seu beijo
Foi seu beijo
Seu beijo que atrapalhou
Um amor de quinze anos
Num minuto se acabou
E a razão dos desenganos

Foi um beijo que arrancou
Beijo dado sem malícia
Quase nunca é coisa feia
Mas um beijo pra polícia
É motivo de cadeia

EPÍLOGO
Um Estado autoritário de bem-estar?

"De 1930 a 1934 o Brasil foi uma democracia exercida por um Ditador [...] Em 1934 e até 1937 tornou-se uma democracia constitucional [...]. De 1937 a 1945 seria na pior das hipóteses uma timocracia dirigida democraticamente por déspota esclarecido [...]"[1]

Alzira Varga do Amaral Peixoto

A tarefa de interpretar a Revolução de 1930 e o período até 1945 requer uma investigação que já foi realizada por muitos estudiosos. Tomei por referência várias dessas obras que analisaram o primeiro período em que a figura de Getúlio Vargas dominava a cena política. Não é tarefa simples pensar o movimento de 1930. Sua complexidade merece, até os tempos atuais, constante reformulação. Alguns pontos, no entanto, são mais claros no interior da diversidade de interpretações. A Revolução de 1930 teve significado marcante em nossa história. Talvez seja possível dizer até que tenha sido o mais importante marco de nossa história recente.

Com a Revolução de 1930, o Brasil deixou de ser uma sociedade predominantemente agrária – que tinha por base a exportação de produtos primários, como o café, e a importação de manufaturados – e caminhava para se transformar numa sociedade urbana industrializada, voltada para o mercado interno, substituindo as importações. As decisões políticas deixaram de ser articuladas nas províncias ou estados e passaram para o governo central.

O ano de 1930 é unanimemente aceito como um marco do início da modernização do país. Foi, sem dúvida, uma modernização conservadora e singular, o ponto de viragem da história do Brasil recente. As décadas de 1930 e 1940 foram as mais tensas, marcadas pelo maior conflito da humanidade. O Brasil abandonava a imagem de um país agrário e respondia às necessidades de transformações prementes exigidas pelo conflito mundial.

Os homens à frente do leme da modernização da nação foram tomados por um profundo senso de grandeza, fosse ele factível ou simples desejo. Para Oswaldo Aranha, nosso chanceler até 1944, nós estávamos destinados a ser uma grande potência econômica e militar. Visão semelhante tinham Carlos Martins, embaixador brasileiro em Washington, e João Neves da Fontoura, embaixador em Portugal e personagem de destaque na Revolução de 1930, assim como outras figuras da época.

Tais concepções otimistas do futuro do país eram apoiadas indiretamente pelos americanos. O Brasil foi peça importante na estratégia dos Estados Unidos, antes mesmo que a guerra envolvesse a América. A concordância com a formação e o envio de uma força militar brasileira (FEB) só estimularam a crença de que estávamos a um passo de nos tornarmos uma grande potência regional. A participação do Brasil na Conferência de Paz que estava sendo planejada pelas potências vencedoras era tida como certa.

Finda a guerra, entretanto, o panorama principiou a mudar. Vargas, sem alternativa, havia apostado todas as fichas na aliança com

EPÍLOGO | 147

os Estados Unidos, esperando, depois da vitória sobre o Eixo, obter ajuda dos americanos para deslanchar um programa de modernização do país. Os Estados Unidos eram os vencedores e, por isso, podiam impor as condições a seus aliados mais próximos, como foi o caso do Brasil. Pelo menos é o que se pode depreender da declaração do general Eurico Gaspar Dutra, no final do conflito:

> Não foram poucos os encargos e os sacrifícios que recaíram sobre o Brasil em todo o decurso da Segunda Guerra Mundial. Demos, com efeito, às Nações Unidas tudo o que nos foi possível; além dos nossos soldados, as nossas bases, nossos materiais estratégicos, nossas matérias-primas, nossos produtos e nossos navios. [...]
>
> Perdemos, em consequência dos torpedeamentos, 39 navios num total de 751 mil toneladas. [...] A despeito desses e de outros prejuízos e sacrifícios de vida, o Brasil não logrou qualquer compensação [...] basta citar o fato [...] de que dos 260 navios alemães distribuídos entre os vencedores (dezoito Governos aliados), o Brasil não foi contemplado com uma única pequena embarcação.[2]

A declaração de Dutra tornava ainda mais difícil a concretização dos planos de modernização do pós-guerra brasileiro com a ajuda americana, já que, depois de 1943, o Brasil perdeu lentamente o papel estratégico que desempenhou ao basear as forças aeronavais estadunidenses que ajudaram a invadir o norte da África, desalojando as tropas de Rommel, o famoso marechal alemão, na guerra do deserto. O otimismo manifestado pelos líderes brasileiros foi dando lugar a reações pessimistas, melhor dizendo, realistas.

A política americana ficou mais clara depois de abril de 1945 com a morte de Roosevelt, o mais popular presidente americano. Harry Truman, seu sucessor, não demonstrava a mesma boa vontade com os aliados da América Latina. A Europa era o centro das atenções dos americanos. Na verdade, bem antes da morte de Roosevelt, o *New Deal* e a Política da Boa Vizinhança estavam se transformando e deixando no passado a aproximação esperada por Vargas e muitos brasileiros.

Nosso governo procurava se proteger dos novos rumos da política americana, adotando algumas medidas nacionalistas. Como queria Almir Andrade, um dos mais destacados intelectuais do Estado Novo: "Para os povos americanos, o nacionalismo se impõe como um imperativo histórico e cultural, despido de aspirações guerreiras e conquistadoras",[3] num modelo alternativo tipicamente brasileiro. Cabe lembrar que esse texto foi publicado na época em que as forças ultranacionalistas e totalitárias avançavam e conquistavam a Europa Ocidental. Pouco mais de cinco anos depois, essa concepção original do nacionalismo brasileiro estava sendo posta em questão pela supremacia internacionalista americana. Ou seria de um nacionalismo travestido de internacionalismo? Não foi coincidência a deposição de Vargas ocorrer em outubro de 1945, três meses depois da chamada Lei Malaia, que procurou controlar o crescimento dos monopólios estrangeiros, e mesmo nacionais.

Considerando esse cenário, é inevitável a pergunta que se fez na época e se repete até hoje: os Estados Unidos estiveram realmente envolvidos na deposição de Vargas que acabou com o Estado Novo?

É fato que Adolf Berle, o novo embaixador americano que chegou ao país no começo de 1945, logo se aproximou das forças liberais e democráticas que se opunham a Vargas, por exemplo, quando participou de um almoço no qual fez um discurso criticando o presidente brasileiro. Mas apenas isso não justifica a queda de Getúlio pelas mãos dos americanos no *putsch*. O ditador brasileiro enfrentava poderosas forças internas, ditas liberais e conservadoras. É verdade que a derrota do nazifascismo empurrava o Brasil para a democratização, o que, aliás, era uma tendência mundial. Contudo, não teria sido necessário um golpe para derrubar a ditadura, só que assim foi, graças às condições vistas no capítulo anterior.

A aproximação entre Washington e Rio de Janeiro já não era tão necessária na segunda metade de 1945. A guerra fez Roosevelt pensar no conflito antes que atingisse as Américas. O grande aliado era o Brasil. Já no começo de 1942, os esforços dos Estados Unidos para se aproximar do Brasil aumentaram. Uma democracia como a americana não via contradições em aliar-se à ditadura brasileira, tida por muitos como fascista. Isso era posto no pacote da *Realpolitik* que aceitava governos fortes, desde que não fossem nazistas ou germanófilos ou integralistas, o nosso fascismo.

"A consequência mais relevante desse processo de alinhamento foi o reforço da estabilidade do regime autoritário e, nele, o papel desempenhado por Vargas",[4] que sabia manobrar nas águas revoltas tanto da política interna como externa. O Departamento de Estado americano levou em conta essa "qualidade" do governo. Manter Getúlio era da maior importância para a estratégia estadunidense. O chefe do Estado Maior das Forças Armadas americanas, George C. Marshall, não hesitou em viajar até o Brasil para entrar em acordos com Vargas e militares de alta patente das nossas Forças Armadas. Éramos uma ditadura, mas uma "enlightened dictatorship", como classificou Nelson Rockefeller, o milionário republicano americano do governo democrata de Franklin Delano Roosevelt, que pavimentou o caminho para as boas relações entre Brasil e Estados Unidos. Assim o Brasil passou a fazer parte do esforço de guerra estadunidense.

A acusação séria que Dutra fez aos Estados Unidos e aos acordos assinados entre nosso país e os dos estadunidenses prova como levou certo tempo para que um general, de perfil sabidamente conservador e autoritário, percebesse que o mundo tinha mudado com o impacto da Segunda Guerra. Os americanos convenceram o Brasil de que era hora de mudar, de seguir a tendência mundial, tarefa árdua para quem tinha exercido um governo autoritário como Vargas. Mas Dutra era muito mais hábil do que se pensava: adotou a democracia como única possibilidade para o seu futuro político, como forma de manter o Brasil o mais distante possível do comunismo. O conhecido general foi eleito presidente do país em dezembro de 1945, como candidato oficial do PSD aliado ao PTB, com o apoio de Vargas. O governo de Dutra (1946-1950) foi uma "democracia risonha e franca",[5] como ironizou Oliveiros S. Ferreira. No sentido técnico, era uma democracia, mas foi mais conservadora do que a própria ditadura. Na economia, ficou mais próxima de uma variante do *laissez-faire*, opondo-se ao nacionalismo de Getúlio. A declaração de Dutra feita anteriormente foi ficando no esquecimento, na mesma medida em ele montava seu ministério como presidente. A política social manteve a base do sindicalismo corporativo, que coexistia com a democracia e com a repressão aos movimentos operários que procurassem autonomia.

Vargas continuou discretamente ativo na política como senador, construindo silenciosamente sua volta, nos braços do povo, em 1951, como presidente eleito.

Se o título deste livro pareceu paradoxal ao leitor, logrei atingir um objetivo: levá-lo a pensar e repensar a história do Brasil inaugurada pela Revolução de 1930 e, assim, pensar e refletir quão complexa é nossa história. Uma sociedade do bem-estar num Estado autoritário é uma equação difícil de aceitar: é possível ser autoritário e democrático simultaneamente? Como sugerem alguns pensadores do período, poderíamos criar talvez uma "nova interpretação". São pensadores que precisam ser lidos sem o manto protetor da ideologização, evitando, assim, serem precipitadamente descartados sob a alegação de que são fascistas, neoliberais, reacionários, integralistas ou, mais recentemente, em 2025, "politicamente incorretos". É preciso uma prospecção mais profunda para compreender o "esdrúxulo" conceito. Foi o que tentei fazer e, com isso, abrir uma via a mais para entender a história recente do Brasil, de forma a evitar que o país em que vivemos corra o risco de ficar alheio a si mesmo.

Notas

Prólogo: Primavera revolucionária em Porto Alegre

[1] Na República Velha (1889-1930), os governadores de estados eram chamados de presidentes.

Da política à luta armada: a Revolução

[1] Ver nota do Prólogo.

[2] Júlio de Castilhos, político e pensador gaúcho que participou da elaboração da Constituição da República em 1891, reinterpretou o positivismo de Auguste Comte, filósofo francês, "abrasileirando" o pensamento do europeu.

[3] Alfredo Bosi, *A dialética da colonização*, São Paulo, Companhia das Letras, 1992, p. 282.

[4] Luciano Coutinho, *O General Góes depõe*, Rio de Janeiro, Livraria Editora Coelho Branco, 1956, pp. 94-5, apud Oliveiros S. Ferreira, *Elos partidos: uma nova visão do poder militar no Brasil*, São Paulo, Harbra, 2007, p. 39.

[5] Barbara Weinstein, *The Color of Modernity: São Paulo and the Making of Race and Nation in Brazil*, Durhan, Duke University Press, 2015, pp. 66-7.

[6] Pedro Cezar Dutra Fonseca, *Vargas: o capitalismo em construção – 1906-1954*, São Paulo, Brasiliense, 1987, p. 216.

[7] Idem, p. 220.

[8] Getúlio Vargas (1938, v. 1, p. 101), apud Pedro Cezar Dutra Fonseca, op. cit, p. 221.

[9] Pedro Cezar Dutra Fonseca, op. cit., p. 223.

[10] Celso Furtado, *Formação econômica do Brasil*, São Paulo, Nacional, 1976, p. 42.

[11] Pedro Cezar Dutra Fonseca, "A articulação nacional/regional e as origens da 'Revolução de 30'", em Sonia Ranicheski, Camilo Negri, Charles Mueller (org.), *Economia brasileira em perspectiva histórica*, Brasília, Verbena, 2011, pp. 28-37.

[12] Cf. Edgard Carone, *A Segunda República*, São Paulo, Difel, 1973, p. 18.

[13] Juarez Távora, *Uma vida e muitas lutas*, Rio de Janeiro, Nova Fronteira, 1976, v. 2, p. 43.

[14] Oliveiros S. Ferreira, op. cit, p. 61.

"Revoluções" para todos os gostos: conflitos premonitórios

[1] Oswald de Andrade, *Marco zero 1: a revolução melancólica*, Rio de Janeiro, Civilização Editora, 1978, p. 156.

[2] Hélio Silva, *1935: a guerra paulista*, Rio de Janeiro, Civilização Brasileira. 1967, p. 66-7, v. V, Ciclo de Vargas.

[3] Paulo Prado, *Provincia e nação: paulística e retrato do Brasil*, Rio de Janeiro, José Olympio, 1972, p. 3.

[4] James P. Woodard, *Um lugar na política: republicanismo e regionalismo em São Paulo*, São Paulo, Edusp, 2019, p. 35.

[5] Oswald de Andrade, op. cit., p. 179.

[6] Idem.

[7] Getúlio Vargas, *Diário*, São Paulo, Siciliano; Rio de Janeiro, Fundação Getulio Vargas, 1995, v. I: 1930-1936, p. 133.

[8] Apud Hélio Silva, *1932: a guerra paulista*, Rio de Janeiro, Civilização Brasileira, 1967, p. 362.

[9] Idem, pp. 202-3.

[10] Edgard Carone, *A República Nova (1930-1937)*, São Paulo, Difel, 1976, p. 175.

[11] Idem, pp. 175-6.

[12] Getúlio Vargas, op. cit., p. 302.

[13] Nas disposições transitórias, ficou estabelecido que o primeiro presidente seria eleito por voto indireto dos parlamentares.

[14] Cf. Hélio Silva, *1935: a Revolta Vermelha*, Rio de Janeiro, Civilização Brasileira, 1969, p. 34.

[15] Nelson Werneck Sodré, *A intentona comunista de 1935*, Porto Alegre, Mercado Aberto, 1986, p. 23.

[16] McCann, op. cit., p. 421.

[17] Pedro Cezar Dutra Fonseca, *Vargas: o capitalismo em construção – 1906-1954*, São Paulo, Brasiliense, 1987, p. 213.

[18] Idem.

[19] Idem, p. 215.

[20] *O Estado de S. Paulo*, São Paulo, 6 abr. 1934, p. 4.

[21] Pedro Cezar Dutra Fonseca, op. cit., p. 221.

[22] Idem.

[23] Idem, p. 219.

[24] *O Estado de S. Paulo*, São Paulo, 12 jul. 1933.

[25] Brasil, *Coleção de leis da República dos Estados Unidos do Brasil de 1932*, Rio de Janeiro, Imprensa Nacional, 1933, v. I: Atos do Governo Provisório, janeiro e março de 1932, p. 342.

[26] Idem. Artigo 67, parágrafo único.

[27] Ver Jairo Severiano e Zuza Homem de Mello, *A canção no tempo: 85 anos de músicas brasileiras*, São Paulo, Editora 34. 1997, v. 1: 1901-1957, p. 86.

[28] Pedro Cezar Dutra Fonseca, op. cit., pp. 196-7.

[29] *O Estado de São Paulo*, São Paulo, 26 abr. 1933, p. 3.

[30] Idem.

[31] Lúcia Lippi Oliveira (coord.), *Elite intelectual e debate político nos anos 30*, Rio de Janeiro, Editora FGV/INL-MEC, 1980, p. 34.

[32] Nelson Werneck Sodré, op. cit., p. 27.

[33] Idem, p. 45.

[34] Idem, p. 54.

[35] Idem, p. 78.

[36] Depoimento de João Galvão, em Glauco Carneiro, *História das revoluções brasileiras*, Rio de Janeiro, Edições O Cruzeiro, 1965, v. 2, p. 419. Em Hélio Silva, op. cit., p. 283.

[37] Ver Mauro Renault Leite e Novelli Júnior (org.), *Marechal Eurico Gaspar Dutra: o Dever da verdade*, Rio de Janeiro, Nova Fronteira, 1983, pp. 90-1.

[38] Idem, p. 162.

NOTAS | 153

O Estado Novo: uma ditadura paradoxal

[1] *In* João Quartim de Moraes e Élide Rugai Bastos (orgs.), *O Pensamento de Oliveira Vianna*. Campinas: Editora Unicamp. 1993, p. 25.

[2] Carta de Juraci Magalhães a Getúlio Vargas, 23 de dezembro de 1935, em Hélio Silva, *1937: todos os golpes se parecem*, Rio de Janeiro, Civilização Brasileira, 1970, pp. 113-4.

[3] Mauro Renault Leite e Novelli Júnior (org.), *Marechal Eurico Gaspar Dutra: o Dever da verdade*, Rio de Janeiro, Nova Fronteira, 1983, p. 167.

[4] Idem.

[5] Pedro Cezar Dutra Fonseca, "A articulação nacional/regional e as origens da 'Revolução de 30'", em Sonia Ranincheski, Camilo Negri, Charles Mueller (org.), *Economia brasileira em perspectiva histórica*, Brasília, Verbena, 2011, pp. 30-42.

[6] Cf. Pedro Cezar Dutra Fonseca, *Vargas: o capitalismo em construção – 1906-1954*, São Paulo, Brasiliense, 1987, p. 218.

[7] Jeffrey Herf, *El modernismo reaccionario: tecnología, cultura y política en Weimar y el Tercer Reich*, Ciudad de México, Fondo de Cultura Económica, 1990.

[8] Conhecido também como "economia programática". Cf. Luiz Werneck Vianna, "O Estado Novo e a 'ampliação' autoritária da República", em Maria Alice Resende de Carvalho (org.), *República do Catete*, Rio de Janeiro, Museu da República, 2001, p. 116.

[9] Mauro Renault Leite e Novelli Júnior (org.), op. cit., p. 229.

[10] Idem.

[11] Hélio Silva, *A ameaça vermelha: o Plano Cohen*, Porto Alegre, L&PM, 1980, p. 9.

[12] Getúlio Vargas, *Diário*, São Paulo, Siciliano; Rio de Janeiro, Editora FGV, 1995, v. 2: 1937-1942, p. 76.

[13] Oliveiros S. Ferreria, *Elos partidos: uma nova visão do poder militar no Brasil*, São Paulo, Harbra, 2007, p. 30.

[14] Ângela M. Castro Gomes, "Autoritarismo e corporativismo no Brasil: o legado de Vargas", em Pedro P. Z. Bastos, Pedro C. D. Fonseca (org.), *A era Vargas: desenvolvimentismo, economia e sociedade*, São Paulo, Fundação Editora Unesp, 2011, pp. 69-91.

[15] Idem.

[16] Ver Antonio Pedro Tota, *O amigo americano: Nelson Rockefeller e o Brasil*, São Paulo, Companhia das Letras, 2014, p. 175.

[17] Disponível em: <https://www2.camara.leg.br/legin/fed/consti/1930-1939/constituicao-35093-10-novembro-1937-532849-publicacaooriginal-15246-pl.html>. Acesso em: 16 fev. 2020.

[18] Idem.

[19] Oliveiros S. Ferreira, op. cit., p. 62.

[20] Disponível em: <https://www2.camara.leg.br/legin/fed/consti/1930-1939/constituicao-35093-10-novembro-1937-532849-publicacaooriginal-15246-pl.html>. Acesso em: 1 jun. 2025. Grafia da época.

[21] Ângela M. Castro Gomes, *A invenção do trabalhismo*, Rio de Janeiro, Editora FGV, 2005, p. 27.

[22] Idem.

[23] Jorge Ferreira, *Trabalhadores do Brasil, o imaginário popular: 1930-1945*, Rio de Janeiro, Editora FGV, 1997, pp. 13-14.

[24] Luís da Câmara Cascudo, *Sociologia do açúcar: pesquisa e dedução*, Rio de Janeiro, Divulgação do MIC, Instituto do Açúcar e do Álcool, Divisão Administrativa Serviço de Documentação, 1979, Coleção Canavieira n. 5, p. 51 e passim.

[25] Lex, Legislação Brasileira, pp. 666-7.

[26] Idem.

[27] Aristeu Achilles, *Aspectos de ações do DIP*, Rio de Janeiro, Departamento de Imprensa e Propaganda, 1942, pp. 62-3.

[28] Idem.

[29] "O rádio: modalidade falada da função informativa do iornal", em *Anuário da Imprensa Brasileira*, 1940.

[30] *A Noite*, Rio de Janeiro, 6 jan. 1939, pp. 1 e 3.

[31] José Ramos Tinhorão, *Música popular: um tema em debate*, São Paulo, Saga, 1966, p. 17.

32 Ângela Maria Castro Gomes, "A construção do homem novo. O trabalhador brasileiro", em Lúcia Lippi Oliveira, Mônica Pimenta Velloso, Ângela M. Castro Gomes, *Estado Novo: ideologia e poder*, Rio de Janeiro, Zahar, 1982, pp. 159-60.

33 *Jornal de Modinhas*, n. 447, nov. 1942.

34 Hélio Silva, op. cit., p. 411.

35 Ângela M. Castro Gomes, "O redescobrimento do Brasil", em Lúcia Lippi Oliveira, Mônica Pimenta Velloso, Ângela M. Castro Gomes, *Estado Novo: ideologia e poder*, Rio de Janeiro, Zahar, 1982, pp. 109 ss.

36 Idem, "A práxis corporativa de Oliveira Vianna", em João Quartim de Moraes, Élide Rugai Bastos (org.), *O pensamento de Oliveira Vianna*, Campinas, Editora Unicamp, 1993, pp. 44-5.

37 Idem.

38 Ver Brinkley Alan, *The End of Reform: New Deal Liberalism in Recession and War*, New York, Vintage Books, 1996.

39 Oliveiros S. Ferreira, op. cit., p. 306 ss.

40 Alzira Vargas do Amaral Peixoto, *Getúlio Vargas, meu pai: memórias de Alzira Vargas do Amaral Peixoto*, Rio de Janeiro, Objetiva, 2017, p. 305.

41 Ângela M. Castro Gomes, *A invenção do trabalhismo*, op. cit., p. 191.

42 Idem, p. 195.

43 Idem, p. 177.

44 Idem, p. 179.

45 Francisco Luiz Corsi, "O projeto de desenvolvimento de Vargas e a missão Aranha", em Pedro P. Z. Bastos, Pedro C. D. Fonseca (org.), *A era Vargas: desenvolvimentismo, economia e sociedade*, São Paulo, Fundação Editora Unesp, 2011, pp. 219-52.

46 Azevedo Amaral, "Realismo político e democracia", em *Cultura Política*, n. 1, p. 160, mar. 1941 apud Ângela M. Castro Gomes, "O redescobrimento do Brasil", em Lúcia Lippi Oliveira, Mônica Pimenta Velloso, Ângela M. Castro Gomes, *Estado Novo: ideologia e poder*, Rio de Janeiro, Zahar, 1982, pp. 132 ss.

47 Ângela M. Castro Gomes, op. cit., p. 132.

48 Luís Werneck Vianna, "Americanistas e iberistas: a polêmica de Oliveira Vianna com Tavares Bastos", em Luís Werneck Vianna, *A revolução passiva: iberismo e americanismo no Brasil*, Rio de Janeiro, Revan/IUPERJ, 1997, p. 126.

49 Ângela M. Castro Gomes, *A invenção do trabalhismo*, op. cit., p. 241.

50 Idem, p. 240.

51 *Correio Paulistano*, São Paulo, 10 out. 1940.

52 *A Noite*, 10 de novembro de 1940, primeira página.

53 Marcela Martins Foganoli, *"Almoçar bem é no SAPS": os trabalhadores e o Serviço de Alimentação da Previdência Social (1940-1950)*, Niterói, 2011, Dissertação (Mestrado), Universidade Federal Fluminense, pp. 16 ss. Ver também Ana Maria da Costa Evangelista, *Os caminhos rememorativos do Serviço de Alimentação da Previdência Social/SAPS, no Brasil (1940-1967)*, ANPUH – XXV Simpósio Nacional de História, Fortaleza, 2009.

54 Cf. Mônica Cruz Caminha, "A Escola de Pesca do Abrigo Cristo Redentor do Rio de Janeiro e a formação profissional do pescador brasileiro no Estado Novo, 1937-1945", em *História, Ciências, Saúde: Manguinhos*, Rio de Janeiro, v. 26, supl., pp. 215-33, dez. 2019.

A Guerra Mundial, os impasses do autoritarismo e o golpe de 1945

1 Edgard Carone, *A terceira República (1937-1945)*, São Paulo, Difel, 1976, p. 56.

2 Idem.

3 Idem.

4 Carta de Errol Flynn para F. D. Roosevelt. Franklin Delano Roosevelt Presidential Library and Museum, New York, PPF-6697.

5 Hélio Silva, *1939: véspera de guerra*, Rio de Janeiro, Civilização Brasileira, 1972, p. 65.

6 Ver D. Frank McCann e Francisco C. Alves Ferraz, "A participação de brasileiros e norte-americanos na Segunda Guerra Mundial", em Sidnei J. Munhoz e Francisco Carlos Teixeira da Silva (org.), *Relações Brasil-Estados Unidos: séculos XX e XXI*, Maringá: Editora da Universidade Estadual de Maringá, 2010, pp. 10363.

NOTAS | 155

[7] Ver Stanley Hilton, *Suástica sobre o Brasil: história da espionagem alemã no Brasil*, Rio de Janeiro, Civilização Brasileira, 1977; Idem, *A guerra secreta de Hitler no Brasil*, Rio de Janeiro, Nova Fronteira, 1983; Idem, *Oswaldo Aranha, uma biografia*, Rio de Janeiro, Objetiva, 1994; Idem, *O Brasil e a crise internacional (1930-1945)*, Rio de Janeiro, Civilização Brasileira, 1977.

[8] Cf. Stetson Conn e Byron Fairchild, *A estrutura de defesa do hemisfério ocidental: o Exército dos Estados Unidos na Segunda Guerra Mundial*, Rio de Janeiro, Biblioteca do Exército Editora, 2000, p. 34.

[9] Lynne Olson, *Churchill e três americanos em Londres*, São Paulo, Globo, 2013, p. 164.

[10] Stetson Conn e Byron Fairchild, *A estrutura de defesa do hemisfério ocidental: o Exército dos Estados Unidos na Segunda Guerra Mundial*, Rio de Janeiro, Biblioteca do Exército Editora, 2000, p. 75.

[11] Carta de Sumner Welles a Cordell Hull (secretário do Estado), apud Benjamin Welles, *Sumner Welles, FDR Global Strategist*, New York, St. Martin's Press, 1997, p. 318.

[12] Beatrice B. Berle e Travis B. Adolf Jacobs, *Navigating the Rapids: 1918-1971, from the Papers of Adolf A. Berle*, New York, Harcourt Brace Janovich, 1973, p. 337.

[13] Carta de Caffery para Roosevelt, Rio, 9 fev. 1943, Brazil. Franklin Delano Roosevelt Library, apud Frank D. McCann, *The Brazilian American Alliance:1937-1945*, Princeton, Princeton University Press, p. 308.

[14] Oliveiros S. Ferreira, *Elos partidos: uma nova visão do poder militar no Brasil*, São Paulo, Harbra, 2007, p. 287.

[15] Edgard Carone, op. cit., pp. 76-81.

[16] Idem.

[17] *A Noite*, Rio de Janeiro, 3 jan. 1942, p. 3.

[18] Ângela M. Castro Gomes. *A invenção do Trabalhismo*, Rio de Janeiro, FGV Editora, pp. 275 e segs.

[19] *Correio da Manhã*, Rio de Janeiro, 3 jan. 1945, p. 3.

[20] Idem, primeira página.

[21] Henry Kissinger, *Diplomacia*, Rio de Janeiro, Francisco Alves, 2001, p. 457.

[22] *Correio da Manhã*, Rio de Janeiro, 3 jan. 1945, p. 3.

[23] Idem, p. 121.

[24] *Correio da Manhã*, Rio de Janeiro, 22 fev. 1945.

[25] Idem.

[26] "Fatos e fotos – a vida de Getúlio Vargas – o golpe de 1945 – Brasília 03/08/1963", apud Hélio Silva, *1945: Porque depuseram Vargas*, Rio de Janeiro, Civilização Brasileira, 1976, pp. 227.

[27] Ângela M. Castro Gomes. p. 280.

[28] Idem, p. 276.

[29] *Correio da Manhã*, Rio de Janeiro, 22 abr. 1945, segundo caderno.

[30] Lucilia de Almeida Neves Delgado, *PTB: do getulismo ao reformismo:1945-1964*, São Paulo, Marco Zero, 1989, p. 28.

[31] Ângela M. Castro Gomes, op. cit., p. 281.

[32] Luiz Werneck Vianna, *Liberalismo e sindicato no Brasil*, Rio de Janeiro, Paz e Terra, 1976, p. 247.

[33] *O Radical*, 30 out. 1945, apud Lucilia de Almeida Neves Delgado, op. cit., p. 31.

[34] Aspásia Camargo e Walder de Góes, *Meio século de combate: diálogo com Cordeiro de Farias*, Rio de Janeiro, Nova Fronteira, 1981, pp. 387-8 e 391, apud Oliveiros S. Ferreira, op. cit., p. 290.

[35] Francisco Luiz Corsi, *Estado Novo: política externa e projeto nacional*, São Paulo, Editora Unesp, 2001, p. 276.

[36] *Diário de São Paulo*, São Paulo, 15 nov. 1952, pp. 1-2.

[37] Alan Brinkley, *The End of Reform: New Deal Liberalism in Recession and War*, New York, Vintage Books, 1996, p. 155.

[38] Hélio Silva, *1945: Porque depuseram Vargas*, op. cit., p. 215.

[39] Idem, p. 217.

[40] Beatrice Berle e Travis B. Adolf Jacobs, *Navigating the Rapids: 1918-1971, from the Papers of Adolf A. Berle*, New York, Harcourt Brace Janovich, 1973, p. 557.

[41] Oliveiros S. Ferreira, op. cit., p. 287.

[42] Lourival Coutinho, *O general Góes depõe...*, Rio de Janeiro, Livraria Editora Coelho Branco, 1956, pp. 405-6.

QUEM FOI VARGAS, AFINAL

[43] Hannah Arendt, *Origens do totalitarismo: antissemitismo, imperialismo e totalitarismo*, São Paulo, Companhia das Letras, 1998, pp. 512-8.

[44] Idem, p. 702.

[45] Lira Neto, *Getúlio: 1930-1945. Do governo provisório à ditadura do Estado Novo*, São Paulo, Companhia das Letras, 2013, p. 453.

[46] Cf. Hélio Silva, 1945: *Porque depuseram Vargas*, op. cit., p. 253.

[47] "Fatos & Fotos — Alzira Vargas do Amaral Peixoto: 'A vida de Getúlio — o golpe de 1945 — Brasília — 03 de agosto de 1963, n. 131'", em Hélio Silva, 1945: *Porque depuseram Vargas*, op. cit., pp. 240-1.

[48] Idem, p. 240.

[49] Ibidem.

[50] Ibidem.

Epílogo: Um Estado autoritário de bem-estar?

[1] Alzira Varga do Amaral Peixoto, *Getúlio Vargas, Meu Pai*. Porto Alegre: Editora Globo, 1960. p. 385.

[2] AMD (Arquivo Marechal Dutra), apud Mauro Renault Leite e Novelli Júnior (org.), *Marechal Eurico Gaspar Dutra: o dever da verdade*, Rio de Janeiro, Nova Fronteira, 1983, pp. 663-4.

[3] Almir Andrade, *Força, cultura e liberdade: origens históricas e tendências atuais da evolução política do Brasil*, Rio de Janeiro, Livraria José Olympio, 1940, p. 36.

[4] Gerson Moura, *Sucessos e ilusões: relações internacionais do Brasil durante e após a Segunda Guerra Mundial*, Rio de Janeiro, Editora FGV, 1991, p. 42.

[5] Oliveiros S. Ferreira, *Elos partidos: uma nova visão do poder militar no Brasil*, São Paulo, Harbra, 2007, p. 293.

Referências

ANDRADE, Almir. *Força, cultura e liberdade*: origens históricas e tendências atuais da evolução política do Brasil. Rio de Janeiro: Livraria José Olympio, 1940.

ANDRADE, Oswald de. *Marco zero 1*: a revolução melancólica. Rio de Janeiro: Civilização Editora, 1978.

ARENDT, Hannah. *Origens do totalitarismo*: antissemitismo, imperialismo e totalitarismo. São Paulo: Companhia das Letras, 1998.

BERLE, Beatrice B.; JACOBS, Travis B. Adolf. *Navigating the Rapids*: 1918- 1971, from the Papers of Adolf A. Berle. New York: Harcourt Brace Janovich, 1973.

BOSI, Alfredo. *A dialética da colonização*. São Paulo: Companhia das Letras, 1992.

CAMINHA, Mônica Cruz. "A Escola de Pesca do Abrigo Cristo Redentor do Rio de Janeiro e a formação profissional do pescador brasileiro no Estado Novo, 1937-1945". *História, Ciências, Saúde*: Manguinhos. Rio de Janeiro, v. 26, supl., dez. 2019.

CARONE, Edgard. *A Segunda República*. São Paulo: Difusão Europeia do Livro, 1973.

CASCUDO, Luís da Câmara, *Sociologia do açúcar*: pesquisa e dedução. Rio de Janeiro: Divulgação do MIC, Instituto do Açúcar e do Álcool, Divisão Administrativa Serviço de Documentação, 1979. (Coleção Canavieira, n. 5).CONN, Stetson; FAIRCHILD, Byron. *A estrutura de defesa do hemisfério ocidental*: o Exército dos Estados Unidos na Segunda Guerra Mundial. Rio de Janeiro: Biblioteca do Exército Editora, 2000.

COUTINHO, Lourival. *O general Góes Depõe...* Rio de Janeiro: Livraria Editora Coelho Branco, 1956.

DELGADO, Lucilia de Almeida Neves. *PTB, do getulismo ao reformismo*: 1945-1964. São Paulo: Marco Zero, 1989.

FERREIRA, Jorge. *Trabalhadores do Brasil, o imaginário popular*: 1930-1945. Rio de Janeiro: Editora FGV, 1997.

FERREIRA, Oliveiros S. *Elos partidos*: uma nova visão do poder militar no Brasil. São Paulo: Harbra, 2007.

FOGANOLI, Marcela Martins. *"Almoçar bem é no SAPS"*: os trabalhadores e o Serviço de Alimentação da Previdência Social (1940-1950). Niterói, 2011. Dissertação (Mestrado) – Universidade Federal Fluminense.

FONSECA, Pedro Cezar Dutra. *Vargas*: o capitalismo em construção – 1906-1954. São Paulo: Brasiliense, 1987.

_____. A articulação nacional/regional e as origens da "Revolução de 30". In: RANICHESKI, S.; NEGRI, C.;MUELLER, C. (org.). *Economia brasileira em perspectiva histórica*. Brasília: Verbena, 2011.

FRANCO, Virgílio A. de Melo. *Outubro de 1930*. Rio de Janeiro: Schmidt Editor, 1931.

GOMES, Ângela M. Castro. *A invenção do trabalhismo*. Rio de Janeiro: Editora FGV, 2005.

_____. Autoritarismo e corporativismo no Brasil: o legado de Vargas. In: BASTOS, P. P. Z.; FONSECA, P. C. D. (org.). *A era Vargas*: desenvolvimentismo, economia e sociedade. São Paulo: Fundação Editora Unesp, 2011.

GORDON, John Steele. *An Empire of Wealth*: the Epic History of American Economic Empire. New York: Harper Perenial, 2004.

GRAHAM JR., Otis L. Anos de crise: a América na depressão e na guerra. In: LEUCHTENBURG, W. E. *O século inacabado*: a América desde 1900. Rio de Janeiro: Zahar, 1973.

HERF, Jeffrey. *El modernismo reaccionario*: tecnología, cultura y política en Weimar y el Tercer Reich. Ciudad de México: Fondo de Cultura Económica, 1990.

HILTON, Stanley. *O Brasil e a crise internacional (1930-1945)*. Rio de Janeiro: Civilização Brasileira, 1977.

_____. *A guerra secreta de Hitler no Brasil*. Rio de Janeiro: Nova Fronteira, 1983.

_____. *Oswaldo Aranha, uma biografia*. Rio de Janeiro: Objetiva, 1994.

KISSINGER, Henry, *Diplomacia*. Rio de Janeiro: Francisco Alves Editora, 2001.

LEITE, Mauro Renault; JÚNIOR. Novelli (org.). *Marechal Eurico Gaspar Dutra*: o dever da verdade. Rio de Janeiro: Nova Fronteira, 1983.

MCCANN, Frank D. *The Brazilian American Alliance*: 1937-1945. Princeton: Princeton University Press, 1973.

MORAES, João Quartim de; BASTOS, Élide Rugai (org.). *O pensamento de Oliveira Vianna*. Campinas: Editora Unicamp, 1993.

MOURA, Gerson. *Sucessos e ilusões*: relações internacionais do Brasil durante e após a Segunda Guerra Mundial. Rio de Janeiro: Editora FGV, 1991.

NETO, Lira. *Getúlio*: 1930-1945. Do governo provisório à ditadura do Estado Novo, São Paulo: Companhia das Letras, 2013.

OLIVEIRA. Lúcia Lippi (coord.). *Elite intelectual e debate político nos anos 30*. Rio de Janeiro: Editora FGV/INL-MEC, 1980.

_____; VELLOSO, Mônica Pimenta; GOMES, Ângela M. Castro. *Estado Novo*: ideologia e poder. Rio de Janeiro: Zahar, 1982.

OLSON, Lynne. *Churchill e três americanos em Londres*. São Paulo: Globo, 2013.

PEIXOTO, Alzira Vargas do Amaral. *Getúlio Vargas, meu pai*: memórias de Alzira Vargas do Amaral Peixoto. Rio de Janeiro: Objetiva, 2017.

PRADO, Paulo. *Província e nação*: paulística e retrato do Brasil. Rio de Janeiro: José Olympio, 1972.

SÁ MOTTA, Rodrigo Patto. *Revista de História*. Juiz de Fora, v. 13, n. 2, 2007, pp. 227-46.

SANTOS, Sergio Luís dos. *Aviões alemães no Brasil*. Rio de Janeiro: Adler, 2013, v. 1.

SEVERIANO, Jairo; MELLO, Zuza Homem de. *A canção no tempo*: 85 anos de músicas brasileiras. São Paulo: Editora 34, 1997, v. 1: 1907-1957.

SILVA, Hélio. *1935*: a guerra paulista. Rio de Janeiro: Civilização Brasileira. 1967, v. V: Ciclo de Vargas.

_____ *1935*: a Revolta Vermelha. Rio de Janeiro: Civilização Brasileira, 1969.

_____. *1937*: todos os golpes se parecem. Rio de Janeiro: Civilização Brasileira, 1970.

_____. *1930*: a revolução traída. Rio de Janeiro: Civilização Brasileira, 1972, v. III: O ciclo de Vargas.

_____. *1945*: porque depuseram Vargas. Rio de Janeiro: Civilização Brasileira, 1975.

_____. *A ameaça vermelha*: o Plano Cohen. Porto Alegre: L&PM, 1980.

STYRETT, Harold C. (org.). *Documentos históricos dos Estados Unidos*. São Paulo: Cultrix, 1980.

TINHORÃO, José Ramos. *Música popular, um tema em debate*. São Paulo: Saga, 1966.

VARGAS, Getúlio. *Diário*.São Paulo: Siciliano; Rio de Janeiro: Editora FGV, 1995, v. I: 1930-1936.

VIANNA, Luiz Werneck, O Estado Novo e a "ampliação" autoritária da República. In: CARVALHO, Maria Alice Resende de (org.). *República do Catete*. Rio de Janeiro: Museu da República, 2001.

WEINSTEIN, Barbara. *The Color of Modernity*: São Paulo and the Making of Race and Nation in Brazil. Durhan: Duke University Press, 2015.

WOODARD, James P. *Um lugar na política*: republicanismo e regionalismo em São Paulo. São Paulo: Edusp, 2019.

O autor

Antonio Pedro Tota é professor de História da Pontifícia Universidade Católica de São Paulo (PUC-SP). Mestre e doutor pela Universidade de São Paulo (USP), também fez pós-doutorado na Universidade de Colúmbia (EUA) e na PUC-SP. Pela Contexto é autor dos livros *História das guerras* e *Os americanos*.

GRÁFICA PAYM
Tel. [11] 4392-3344
paym@graficapaym.com.br